Series 教師のチカラ

# 道徳授業づくり 上達10の技法

鈴木健二 Kenji Suzuki

## 『教師のチカラ』シリーズ発刊によせて

### 教師よ、元気になれ！　そのために〈教師のチカラ〉をつけよう！

このメッセージを全国の教師たちに届けたい――これが本シリーズを企画した目的です。

教育現場は今、私が教師になった二十数年前とは比較にならぬほど〝とんでもない状況〟になっています。トップダウンで様々な教育施策が次々と現場に〝おろされ〟る中、職員室でパソコンに向かい様々な報告文書を作成する教師の姿ばかりが見られるようになりました。一方、我が子に社会の常識やルールを教えようとせず・自己欲求を押し通そうとする保護者から、理不尽なクレームを浴びせられるケースが急増しています。

こうした中で、希望と自信と元気をなくしている現場教師は少なくありません。また、「子どもをこうしたい」という理想に燃えて教師になったはずの若手教師が、新たな意欲的試みをしようとせず教育実践面で〝老いて〟います。このままでは我が国の教育はダメになる、子どもたちがダメになる――これは決して大袈裟な言い方ではありません。

では、現代の子どもたちには「力」がないのでしょうか？　そんなことはありません。全力を出して学習する、汗水流して働く、少々の困難に挫けず頑張る――こうした「力」が〝冬眠状態〟になっているだけなのです。

この〝冬眠状態〟の「力」を引っ張り出し、正しい方向に発揮させていくのが教師の仕事であり、それを可能とする【教師力】が教師には求められます。【教師力】は教職年数と比例して自然と身につくモノではありません。
【教師力】を身につけるために何をすればいいのか？——この「問い」に対する一つの「回答」、多くの「ヒント」を、『教師のチカラ』シリーズでお届けします。『教師のチカラ』シリーズは、「こうしたらこうなった」というやり方だけを示した「ノウハウ本」ではありません。「何のためにこの実践をするのか」といった〈そもそも論〉を含め、次の四点が記されたシリーズです。

A　目指すべき子どもたちの「姿」
B　実践群を創出した基本的「考え」
C　実践群の「事実」
D　BからCに至る道筋

だからこそ『教師のチカラ』シリーズは、【教師力】を伸ばすための一歩を踏み出そうとするあなたのお役に立つはずです。本シリーズが【教師力】の確実なレベルアップの一助となり、いつの日かあなたと実践者としてお会いできる事を願いつつ……

二〇〇八年一月

『教師のチカラ』シリーズ企画責任者・「道徳教育改革集団」代表　深澤　久

# はじめに

銀座で道徳授業セミナーが行われた。

提案した授業プランは、宇佐美寛先生（千葉大学名誉教授・元教育学部長）にこっぴどく批判された。私は宇佐美先生から批判をいただくことをたいへん光栄に思っている。一流の研究者が自分の未熟な提案を真っ正面から取り上げ、真摯に批判してくださるからである。

その日の懇親会でのことである。

沖縄から参加されていた教師から次のように言われた。

「あそこまで手の内を話していいんですか」

この言葉に少し戸惑いを感じた。

具体的な授業プランをもとに、授業づくりの技法を話したのだが、少し熱心に授業づくりをやっている人であれば、誰でも当たり前にやっていることだと思っていたからである。

沖縄から銀座までやってきてセミナーに参加する教師であるから、少しどころかかなり熱心な部類の教師に入るはずである。そのような教師が、先の言葉を発したのである。

その教師は、こう言葉を続けた。

「初めて道徳授業のつくり方がわかりました。さっそくやってみたいと思います」

自分が当たり前と思ってやってきたことは、意外と見過ごされている技法なのではないかと思った。

ある研修会でメモ帳の使い方の話をしたときには、さっそく書店でメモ帳を買おうとしている参加者とばったり出会ったこともあった。たかがメモ帳の使い方ではあるが、授業開発につながる使い方がわからない教師が多いのである。

そこで、本書では、若い教師を対象に、道徳授業づくり上達の技法を十に絞って示すことにした。ある素材を私がどのように受け止め教材化していったのか、その筋道をできるだけわかりやすく示すように努めた。そのために図解も多く活用している。

また、本書には、授業づくりのヒントとなる素材が散りばめてある。

私自身もまだ教材化しておらず、これから授業プランを創ってみたいと思っている素材である。いわば企業秘密に近い素材とでもいうべきものである。それらの素材をどのようにとらえたから教材化できると思ったのかという点にも言及している。

意欲のある方は、それらの素材をもとに、授業づくりに挑戦することもできる。

第五章には、授業づくりのドキュメントを収めた。この章を読めば、技法をどのように活用して授業を創り上げたかが見えてくるはずである。

本書が、価値ある道徳授業づくりを目指す若い先生方の参考になれば幸いである。

二〇〇八年三月
鈴木　健二

# もくじ

はじめに……5

第一章　道徳授業づくり上達の技法……11

1　一つのコラムから授業が見える……12

新聞のコラムからひらめく12／常識を覆す言葉12

授業を創る13

2　直観力を鍛える……17

見え方がちがう17／徹底的に考える17

蓄積するために19／継続することの重要性19

第二章　情報収集の技法……25

1　インプットを重視する……26

基本姿勢26／浮かび上がる28

インプットの日常化～メモ帳～29

インプットの日常化～デジカメ～32

人の行動をインプットする33

2　メディアを活用する……39
テーマをもつ39／素材の宝庫・新聞40
広告も見逃さない42／充実した素材・雑誌43
深く掘り下げられた素材・本45
洗練された素材・ポスターとパンフレット48
ピンポイントで情報を集める・インターネット50
すごいと感じた人を取材する50
3　情報を整理する……55
情報を整理する目的55／ファイルを活用する56
ファイルも進化する57
ファイルされた資料の多様性60
開発中の資料ファイル61／本・雑誌の整理63
電子データを整理する63

## 第三章　教材化の技法

第三章　教材化の技法……67
1　教材化の三つの段階……68
素材を教材へ68／教材化の三つの段階68
2　関連資料をまとめる……70
メインの資料を決める70
メイン資料のフォルダを作る73
関連資料を集める74

3　資料を精選する……78
資料を抽出する視点78／資料はできるだけ多く抽出する79
使う資料を決める81／足りない資料を補充する84
4　教材化する……87
素材から教材へ87／写真を教材化する87
言葉を教材化する90／教材をプレゼンする92
読み物資料をつくる94

## 第四章　授業構成の技法……101

1　出会いを演出する……102
ズレを感じさせる102／意表をつく104／比較する106
出会いの場面から逆算する108／子どもの意識を変えたい110
2　考えさせる授業をつくる……111
考えさせているか111／資料提示で考えさせる113
「小刻みなノート作業」を促す指示をする115
考えを明確にする発問をする117

## 第五章　授業づくりドキュメント……123
～「いただきますは必要か？」～

## あとがき……134

## 道徳授業づくり・上達10の技法

**上達の技法❶** 技法を着実に身につけていくことが上達につながる。

**上達の技法❷** 情熱を継続することが上達するための最も重要な技法である。

**上達の技法❸** インプットの量を圧倒的に増やすことが基本である。

**上達の技法❹** メディアを活用する。

**上達の技法❺** 活用するためにこそ、情報を整理せよ。

**上達の技法❻** テーマを意識化するフォルダをつくれ。

**上達の技法❼** 資料を抽出し、精選せよ。

**上達の技法❽** 素材を教材化して、大きな効果を引き出せ。

**上達の技法❾** 出会わせたい場面から逆算して授業を構成せよ。

**上達の技法❿** 全瞬間において思考させる授業を構想せよ。

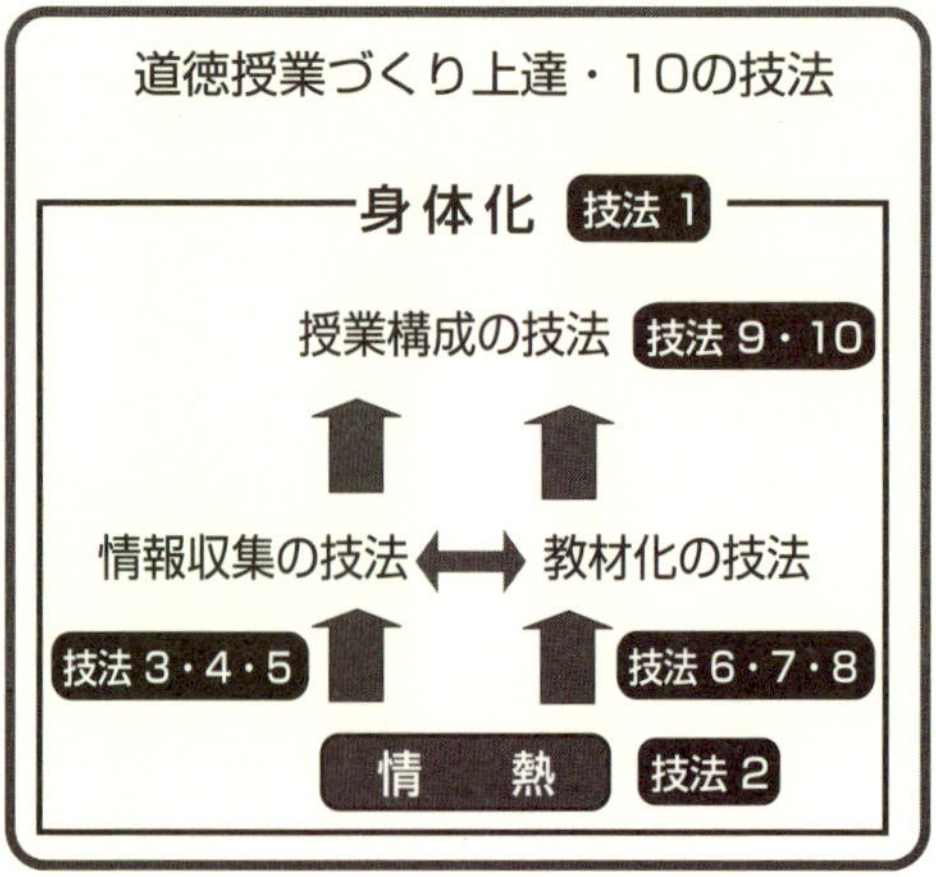

# 第一章　道徳授業づくり上達の技法

上達を本気で目指すのであれば、情熱の継続でしか実現することはできない。これは、どのような世界でも共通する基本である。問題は情熱の継続の仕方である。この章では、情熱を継続するための技法を示す。

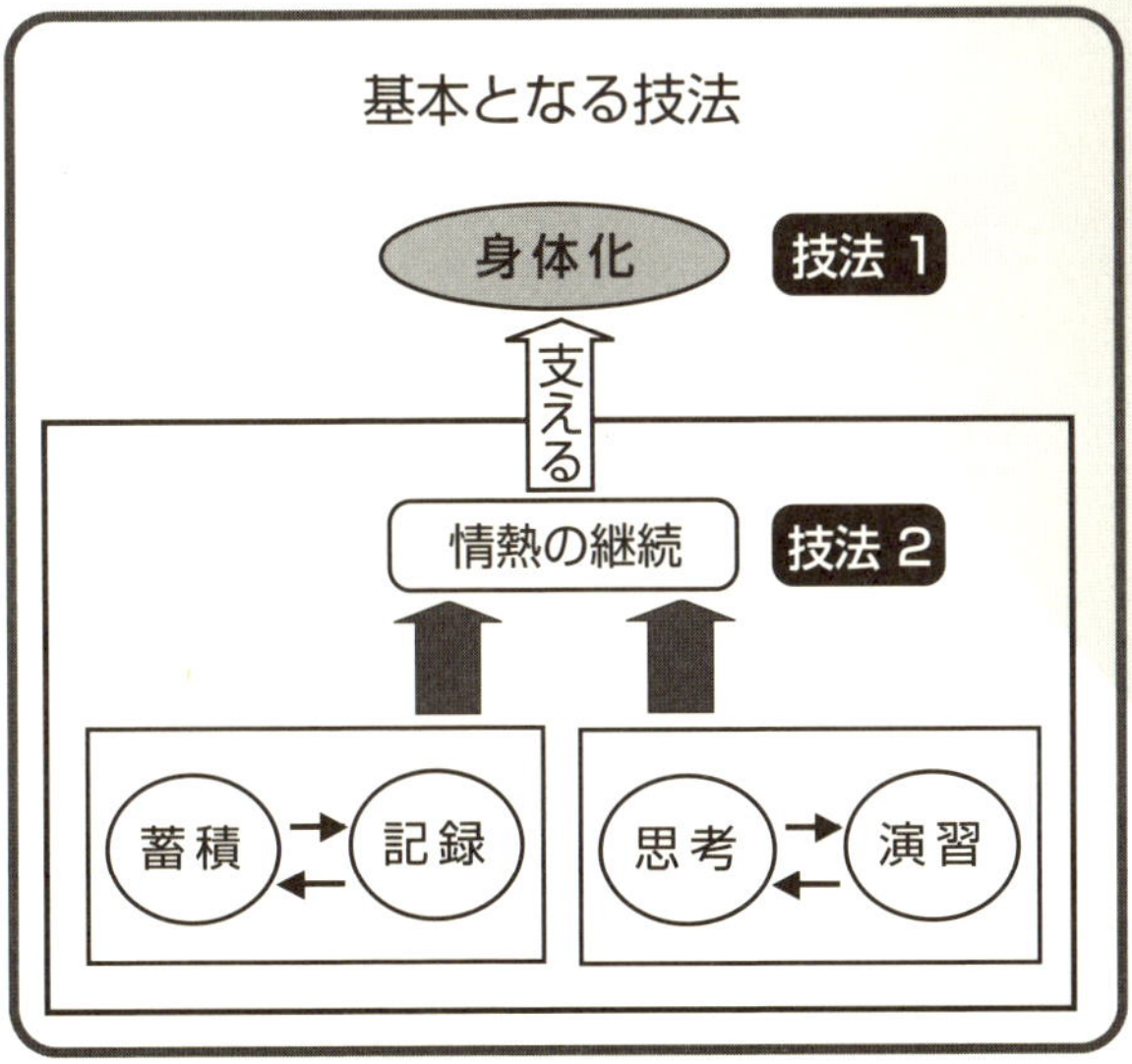

# 1　一つのコラムから授業が見える

## ◆新聞のコラムからひらめく

いつものように新聞記事をチェックしていたら、一つのコラムが目に留まった。「ことば巡礼」という宮崎日日新聞の連載コラムである。筆者は、コラムニストの秋庭道博氏。古今東西の名言を紹介するコラムで、私にとって貴重な情報源の一つとなっている。

今回、目に留まったのは、千葉ロッテマリーンズのバレンタイン監督の次の言葉である。

**「平凡から抜け出すには失敗してみるしかない」**

この言葉を見た瞬間、授業になると感じた。

## ◆常識を覆す言葉

なぜ、授業になると感じたのだろうか。

それは、バレンタイン監督の言葉が、常識を覆すものだったからである。常識で考えれば、「失敗」ではなく、「努力」とか「練習」であろう。だからこそ、この言葉を見て授業になると感じたのである。

そこで、コラムの内容にじっくり目を通してみた。授業に使える言葉が見つかる。

「失敗を恐れては発見がない、進歩がない。未来がない」

これらの言葉をキーワードに授業を構成することによって、子どもたちの行動基準となる意識をもたせることができるのではないかと思った。授業する時期も浮かんでくる。新年度のスタートである。

## ◆授業を創る

授業になるとひらめいたときには、すでに授業プランの骨格が頭に浮かんでいる。新聞のコラムを見た二時間後ぐらいには、授業プランができあがり、授業で活用する教材やカードまで完成した。

それが以下に示すプランである。

### 授業プラン =平凡から抜け出すには=

1　平凡とは

平凡

と板書して問いかける。

**発問1** どんな意味か知っていますか。

知っていることを言わせた後、意味を知らせる。

特にすぐれたところがなく、並みなこと（広辞苑　第五版）

「光っているところがない普通の人、ということですね」

**発問2** 平凡な人になりたい人？

なりたければ〇、なりたくなければ×を書かせて挙手させる。

大半は×をつけるだろう。そこで理由を発表させる。

「何かいいところのある人間になりたい」

「ここは自慢できるというものをもちたい」

などという意見が出されるだろう。

## 2 バレンタイン監督の言葉

バレンタイン監督の写真を提示する。

**発問3** この人は誰でしょうか。

知っている子が多いだろう。

何人かに知っていることを説明させた後、チャンピオンフラッグを見せて、

「二〇〇四年に、千葉ロッテマリーンズをプロ野球日本一に導いた監督です」

と補足する。

「日本一になったバレンタイン監督がこんな言葉を言っています」

と言って、言葉を示す。

平凡から抜け出すには〇〇してみるしかない

**発問4** ○○には何が入るでしょうか。漢字二文字です。

ノートに書かせてから発表させる。

「努力」「練習」などが出されるだろう。

そこで正解を示す。

失敗

驚く子どもが多いだろう。

## 3　なぜ失敗が大切か

**発問5** どうして「失敗」なのでしょうか。

一〜二分程度考える時間を与えた後、隣同士（グループでもよい）で話し合わせる。

話し合いが落ち着いたところで発表させる。

「失敗すると心が強くなるから」「失敗によって学ぶことがいろいろあるから」

などという意見が出されるだろう。

バレンタイン監督の言葉を紹介している秋庭氏のコラム（『宮崎日日新聞』二〇〇七年三月二日付）をもとに次のような話をする。

人間は「失敗することで、一歩前進する」のです。だから、失敗を恐れている人は、一歩も前へ進みません。失敗の数が多い人ほど、何歩も前に進んでいくのです。そうやって光るものをもっている人間になっていくのです。
バレンタイン監督の言葉を紹介している秋庭さんは、次のように言っています。
「失敗を恐れては発見がない、進歩がない。未来がない。」

最後にカードを提示して、全員で暗唱できるまで読んで話を終える。

**平凡から抜け出すには失敗してみるしかない**
**〜失敗を恐れては発見がない、進歩がない。未来がない。〜**

カードは学級に提示し、折に触れて活用する（個人用カードにして配付してもよい）。

この授業プランは、二十分程度のミニ授業プランである。始業式の日に学級の子どもたちに向けてのメッセージとして活用できるようにと考えたからである。

これを四十五分の授業にするのであれば、失敗が平凡から抜け出すきっかけになった人の事例をいくつか付け加え、「確かにこの言葉のとおりだ」という意識をさらに強めることもできるだろう。

本書では、このような授業プランが浮かぶようになるための技法を示していきたい。

ここで示していく技法を身につけることにより、道徳授業づくりが確実に上達するはずである。

## 上達の技法❶ 技法を着実に身につけていくことが上達につながる。

## 2 直観力を鍛える

### ◆見え方がちがう

ある資料をもとに、こんな授業を開発したという話をすると、次のような質問を受けることがある。

「私も同じ資料を見ているのに、何も感じませんでした。どうしてそんな授業を思いつくんですか」

これまでは、「授業づくりが趣味だからかな」などと答えていた。自分でもよくわからなかったからである。

しかし、ある資料を見たときに、他の教師とは見え方が違うらしいということは感じていた。

### ◆徹底的に考える

最近、見え方が違うという現象を説明することのできる本に出会った。『畑村式「わかる」技術』畑村洋太郎著（講談社現代新書）である。この中で、畑村氏は「直観でわかる」ということについて次のように述べている。

**「現象を見た瞬間にその現象の構造まで説明できる人は、飛躍思考、すなわち直観でわかっているということになります。」**（前掲書五十七ページ）

「直観」は「直感」とは違う。畑村氏は言う。

「**直感を使っても思考のショートカットはできますが、そこで導き出される答えには「論理的な根拠」がありません。判断に際して、対象の要素や構造を一切見ていないのが「直観」とは決定的に異なる点なのです。**」（前掲書六十五ページ）

では、どのようにしたら「直観でわかる」ようになるのだろうか。畑村氏は言う。

「**この人がなぜこのように瞬間的に正しい答えが出せるかというと、過去に徹底的にそのことについて考え、演習をして答え合わせまで行う経験をしているからです。**」（前掲書五十六ページ）

これを読んで、そうだったのかと合点がいった。

徹底的に考え、演習し、答え合わせをする。

これが重要だったのである。

このような経験の蓄積が、「直観でわかる」ための技法だったのだ。

ただ経験を積み重ねてきただけでは、教師としての力量が向上しないのもこれで説明がつく。経験年数ばかり重ねていても実力のない教師が多い。そのような教師は、「徹底的に考え、演習し、答え合わせをする」という蓄積がなかったのである。

経験よりも蓄積

である。

## ◆蓄積するために

自分自身のことを振り返ってみると、ひたすら蓄積を重ねてきたということは言える。その蓄積は『道徳研究通信』という形で記録してきた。Ⅰ期、Ⅱ期と経て、現在はⅢ期の通信を発行中である。

Ⅰ期を書き始めたのが、二十年近く前になる。島の分校に勤務していたころ、本校が文部省(当時)の道徳の研究指定校であった。それに合わせて分校でも道徳研究をすることになった。それをきっかけに、自分ならばどのような道徳授業を創るかに取り組んだ。その軌跡を記録したのである。

Ⅲ期の通信が現在六十三号であるから、少なくとも六十本近い道徳授業を開発してきたことになる。Ⅰ期から合わせれば、おそらく二百本近い道徳授業を開発しているはずである。

本書の二十一～二十三ページに掲載しているのが『道徳研究通信』の例である。

## ◆継続することの重要性

このような二十年にもわたる蓄積があるからこそ、ある素材を見たときに授業プランがひらめくのである。自分に人より優れたところがあるからではない。

先に紹介した秋庭氏のコラムでは、イギリスの将軍ウェリントンの次の言葉が紹介されていた。

「**習慣は第二の天性となり、天性に十倍する力を有する**」(『宮崎日日新聞』二〇〇六年十一月二十八日付)

習慣は、天性の十倍もの力を有するのである。

才能よりも習慣

である。将棋の羽生善治氏も言う。

**「何かに挑戦したら確実に報われるのであれば、誰でも必ず挑戦するだろう。報われないかもしれないところで、同じ情熱、気力、モチベーションをもって継続してやるのは非常に大変なことであり、私は、それこそが才能だと思っている。」**（『決断力』羽生善治著・角川oneテーマ21・百七十一～百七十二ページ）

ある社会科サークルに講師として呼ばれ、一時間三十分ほどの話をした。その後の懇親会で若い教師が言った。

「目から鱗が落ちるどころか、目が覚めました」

話を聞いた後は、誰だって刺激を受けて同じように感じる。しかし、刺激を受けて高まった情熱を継続できる教師は、ごくわずかである。道徳授業に限らず、上達を目指すことは簡単なことではない。同じ情熱を何年でも継続することでしか、到達することはできないのである。

この後の章で、道徳授業づくり上達の技法を述べていくが、

### 継続する情熱

これが最も重要な技法であることを脳裏に刻み込んでほしい。

## 上達の技法❷ 情熱を継続することが上達するための最も重要な技法である。

① 徹底的に考え、演習しよう。
② 蓄積を記録しよう。

## 道徳研究通信　MyPace　No.54　2006.1.13

### 後ろへの思いやり

面白い作文を見つけた。毎日新聞後援の「小さな親切」作文コンクールで「内閣総理大臣賞」と「文部科学大臣奨励賞」を受賞した作文である。

この二つの作文を使って、後ろへの思いやりを考えさせる授業プランを作成することにした。

**1　内閣総理大臣賞の作文を読む**

「毎日新聞という大きな新聞社の作文コンクールがありました。ここに『内閣総理大臣賞』になった作文があります。読んでみたいですか」と問いかけ、読んでみたいという意欲を高める。

『こんな題名です』

と言って、題名だけを板書して示す。

| 親切のイメージを変えた親切 |
|---|

「どんな親切の話が書いてあるのでしょうか。読みたいですか」

と言って少しじらした後、作文を裏返しで配付する。

全員に行き渡ったら、一斉に表にさせて範読する。

| 指示１　読んだ感想を書きなさい。 |
|---|

「親切のイメージを変えた親切」
静岡市立清水袖師中３年
深沢　彩美さん
内閣総理大臣賞

３分ほど時間をとって感想を書かせ、発表させる。

**2　文部科学大臣奨励賞の作文を読む**

「同じ作文コンクールで『文部科学大臣奨励賞』になった作文があります。読んでみたいですか」

と問いかけ、

「今度はこんな題名です」

と言って題名を知らせる。

※記事提供：毎日新聞社（2004年11月27日付）

青森ねぶたで学んだこと

「青森ねぶたで学んだこと」
山形県米沢市立南部小４年
大池　清士さん
文部科学大臣奨励賞

一つめと同じように配付して範読し、感想を書かせて発表させる。

3　似ているところは？

発問１　二つの作文で似ているところがあります。何でしょう。

考えを書かせて発表させる。

「親切」「思いやり」などが出されるだろう。

キーワードは

後ろ　である。

これに気づく子がいなければ次の文を示して、ヒントを出す。

□　それからは私も少し意識して、後ろに人がいるときはドアを閉まらないように持っています。

□　ぼくは、ハッとしました。ねぶたのはく力に見とれていた人たちが、後ろにいる人のことを考えずに、どんどん前に出てしまっていたのです。

ヒント この二人の親切や思いやりは、普通の親切や思いやりと少しちがいます。

「後ろ」というキーワードが出されたところで、次のように板書する。

後ろへの思いやり

発問２「後ろへの思いやり」を書いた作文が賞に選ばれたのはなぜでしょう。

「普通の人が気づきにくいところに気づいて行動しているから」というような意見が出されるだろう。それらの意見を受けて話す。

説明１「後ろへの思いやり」は自分から見えないところにいる人に親切にしなければならないので、とても難しいのです。それに気づいて行動したことが、この二人の素晴らしいところなのです。だから表彰されたのでしょう。

※記事提供：毎日新聞社（2004年11月27日付）

## 4「後ろへの思いやり」が必要な場所

発問３　みんなの周りで「後ろへの思いやり」が必要な場所がありますか。

なかなか思いつかない場合は、廊下や歩道、エスカレーターの写真を提示してヒントにする。ヒントをもとに、いろいろな場所を発表させていく。

出尽くしたところで発問する。

発問４　このような場所で、前の人にイライラしたことやうれしかったこと、自分が実際におこなったことがありますか。

自分の体験をもとに具体的にイメージさせることで、今後そのような場所で「後ろへの思いやり」が発揮できるようにしていく。

教師も「後ろへの思いやり」を発揮している子どもの事例をいくつか集めておき、話をする。

最後に『今日の勉強で』を書かせて授業を終える。

## 5　板書

後ろへの思いやり

親切のイメージを変えた親切

□それから私も少し意識して、後ろに人がいるときはドアを閉まらないように持っています。

青森ねぶたで学んだこと

□ぼくは、ハッとしました。ねぶたのはく力に見とれていた人たちが、後ろにいる人のことを考えずに、どんどん前に出てしまっていたのです。

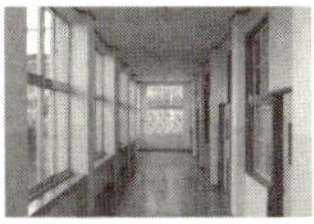

後ろへの思いやりの難しさ

⇐

見えない人への親切

# 第二章　情報収集の技法

何のために情報収集をするのか。それはアウトプットをするためである。しかし質の高いアウトプットのためには多様なメディアから大量のインプットを行い、整理を加えなければならない。そのための技法を示す。

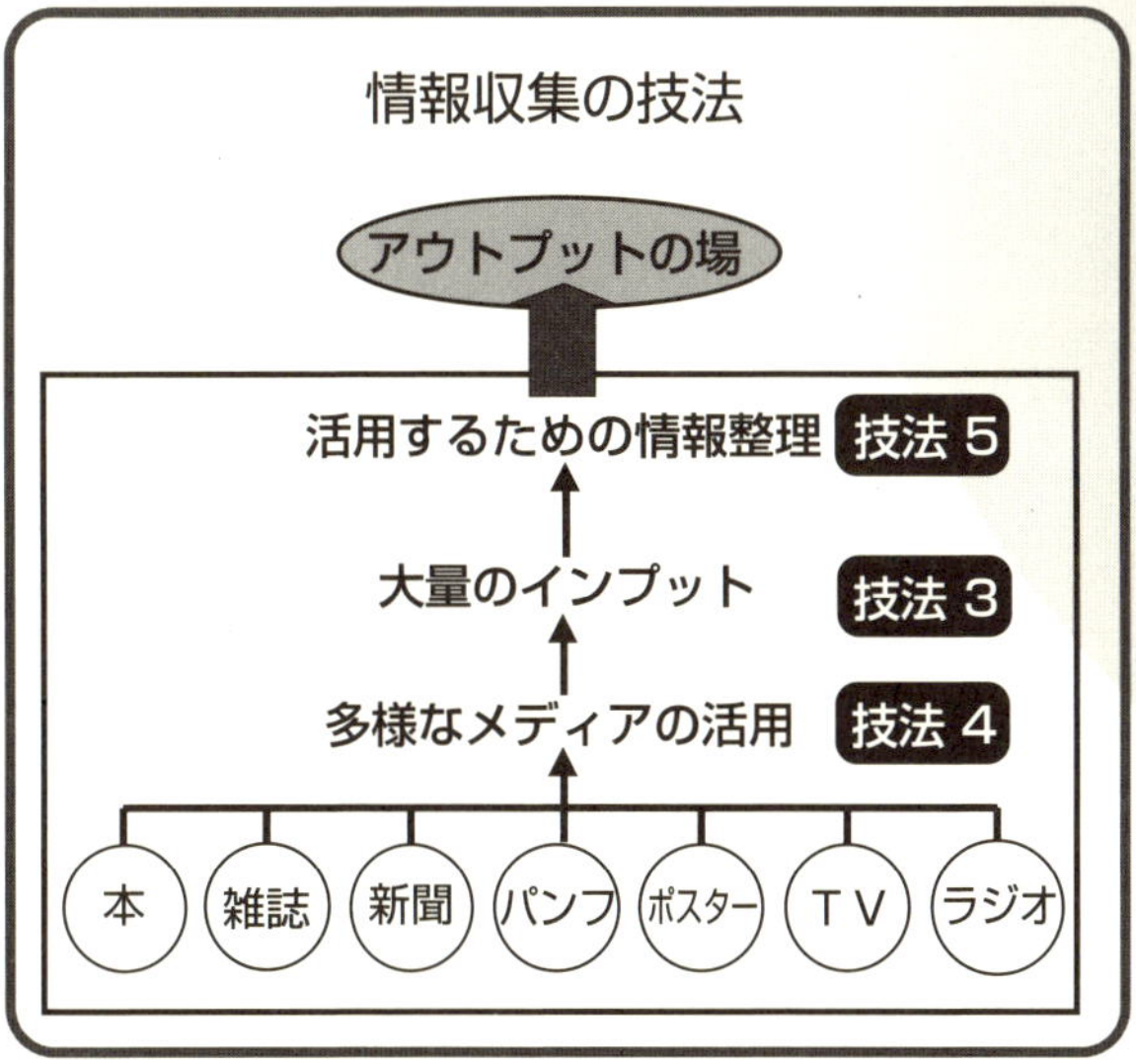

# 1 インプットを重視する

## ◆基本姿勢

ある研修会で次のような図を示し、「Aはインプットが多くアウトプットが少ない人、Bはインプットが少なくアウトプットが多い人です」と説明して問いかけた。

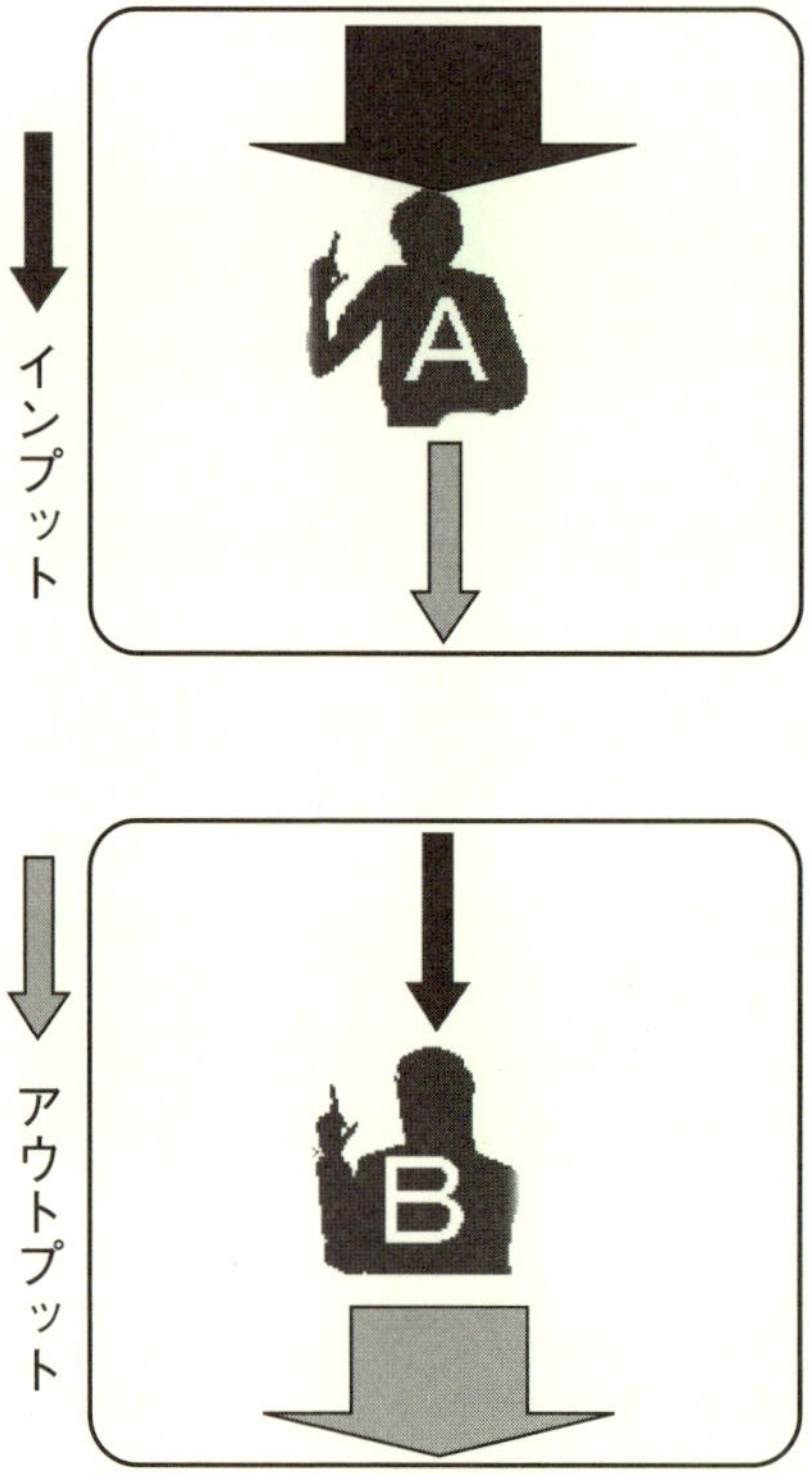


基本姿勢～インプットとアウトプット

問 AとBのどちらがいいと思いますか。

あなただったら、どちらを選ぶだろうか。大半がAを選ぶだろうという予想を裏切り、Bを選んだ人が半数近くもいたのである。この結果に、問いかけた自分自身が驚いた。

若いころに読んだ立花隆氏の次の主張は、自分の座右の銘になっていた。

**「アウトプットへの配分を多くすると、インプットへの配分がどんどん少なくなり、両者の比は低下する。すなわちアウトプットの質が低下する。」**

（『知のソフトウェア』立花隆著・講談社現代新書・二十二ページ）

情報収集の少ない人間の発信する情報は貧弱であり、発想も貧困である場合が多い。

若い教師に酒の席などでときどき次のような話をする。

「Aしか知らなければ、Aしか思いつかない。しかし、AとBとCを知っていれば、A、B、C、AB、AC、BC、ABCというふうに発想が広がる。だから、情報収集が少ない人間は、発想が貧困になる」

ノンフィクション作家の佐野眞一氏は、『巨怪伝』（文春文庫）を一冊書くために、集めた資料は、ミカン箱三十個以上になったという（『私の体験的ノンフィクション術』佐野眞一著・集英社新書・百十五ページ）。

カメラマンの蜷川実花氏は、写真集を作るのに七千カットの写真を撮り、使ったのは四十七カットである。蜷川氏は言う。

**「　昨年、数年かけて撮りためた花の写真をまとめた『Acid Bloom』を出版しました。掲載点数はわずか四十七カット。七千カットを超える花の中から選び出したものです。編集者には、『せっかくだからページを増やそう』と言われたのですが、より精度の高いものにしたかったので、最終的にここまで絞り込みました。**

**あまりにバッサバッサ切っていくので、まわりの人が止めるくらい。**」（『編集会議』二〇〇四年三月号）

膨大なインプットの中から精選して「精度の高い」アウトプットを目指す。これがプロの仕事なのである。

一流を目指したいなら、常にインプットを意識して、あらゆる情報を収集すべきである。

ただし、注意しなければならないのは、インプットが目的ではないという点である。目的はあくまでもアウトプットなのだ。より良い授業づくりのためにインプットするのである。インプットが目的になったら、それは趣味である。

## ◆浮かび上がる

インプットが一定量を超えてくると、アウトプットしなければならなくなったときに、インプットしたさまざまな情報が向こうから浮かび上がってくると感じるようになる。その上に新たな情報がつぎつぎとインプットされてくるようになる。

ある社会科サークルから講師を依頼された。アウトプットせざるをえない場面に直面することになったわけである。すると、先日見たばかりの「若冲と江戸絵画」展（二〇〇七年一月〜三月・九州国立博物館）が思い浮かんできた。ポスターのキャッチコピーには「江戸の先端、今も先端。」とある。江戸時代の先端を走っていた伊藤若冲の絵画は、現代の多くのアーティストに影響を与えている。宇多田ヒカル氏のプロモーションビデオ「SAKURAドロップス」にも使われているほどである。

江戸時代の文化が現代の最先端にも影響を与えているという事実は、きっと子どもたちにもインパクトを与えるはずである。若冲をきっかけにして江戸文化を学ぶ授業開発ができるのではないかという発想が浮かんでくる。アウトプットの場を与えられていなければ、もしかすると、「若冲と江戸絵画」展を見ただけで終わっていたかもしれない。

変わった日本食の記事も目に飛び込んできた。日本食は世界中に広がりを見せているが、そうなると当然、その国に合わせてアレンジされるようになる。そのような日本食の一つがチョコレート巻きや味噌カプチーノである。考えただけでも気持ち悪くて食欲がなくなるようなアレンジだが、日本の文化が多くの国に大きな影響を与えるようになった証拠である。

このような記事は、『ニューズウィーク日本版』二〇〇七年二月十四日号、『AERA』二〇〇七年二月十二日号で取り上げられていた。同時期に二誌が同じような話題を取り上げているのは、農林水産省が「海外日本食レストラン認証制度」の検討を始めた（二〇〇六年十一月）ことが影響しているのだろうが、日本と世界の関係を考えさせる社会科教材としてだけでなく、「日本の文化を守るとはどういうことか」を考えさせるための道徳教材となる可能性もある。

アウトプットしなければならないという意識があると、このような情報が目に飛び込んでくるようになる。

## ◆インプットの日常化～メモ帳～

インプットの量を増やすために重要な技法は

インプットの日常化

である。ここぞというときにインプットのチャンスを逃さないようにするのである。
そのためには道具がいる。
活用しているのは、次の二つである。

1　メモ帳
2　デジカメ

この二つの道具が、インプットの日常化を実現する。メモ帳とデジカメは、いつもバッグの中に入れてある。いつチャンスに出会うかわからないからである。

メモ帳は次のようなときに活躍する。

①　テレビやラジオで面白い情報が流されているとき。
②　講演で質の高い話を聞いたとき。
③　貴重な発想が浮かんできたとき。
④　会議などでユニークな考えを聞いたとき。
⑤　身近な人の行動に触発されたとき。
⑥　驚くような話を聞いたとき。
⑦　感心するような場面に遭遇したとき。
⑧　本を読んで考えさせられたとき。

以下は、ある日のメモの内容である。

歌で命が助かる～二〇〇五年十一月二十一日　ＮＨＫスキウタ上位一〇〇～

①　赤尾さん

②　病気で心臓が止まった。

③　娘が「お父さんのすきな歌を聴かせよう」と言った。

④　涙そうそう～夏川りみ～

⑤　娘や息子の顔が浮かんできた。

⑥　だんだん力が戻ってきた。

⑦　元気になった。

⑧　今でも聞くと涙が出る。

このメモを見ただけで、アウトプットの場がいくつも浮かんでくる。

○音楽発表会の時に、「音楽の力」という話をしてあげたい。

○「家族の思いの込められた歌には命を救う力がある」という道徳の授業をしてみたい。

○歌を指導するときに、心を込めることの意味を語りたい。

講座でメモ帳を活用しているという話を聞いたある先生が、その日さっそく、大型書店で使いやすいメモ帳を探しているところに出くわした。

私の姿を見つけるとすぐ近づいてきて「どのメモ帳がいいですか」と質問された。メモ帳の効果を受け止め、さっそく行動に移そうとしてくれている姿がうれしかった。

## ◆インプットの日常化～デジカメ～

インプットを日常化するための道具の二つめはデジカメである。映像としてインプットすると、教材としての活用度がかなり高くなるからである。

**写真1**を見てほしい。ただの靴箱である。

しかし、これを見て思わずシャッターを切った。

どうしてかおわかりだろうか。

実は、**写真2**のように、下段に乱雑に入れてあるスリッパが多かったのである。

しかも、場所は公立の大学であり、それなりの学力や常識的なマナーも身につけている大学生が多いはずである。ところがスリッパがこのような状態であることに業を煮やした大学側は、ついに「きちんと揃えよう！」「スリッパは上段に！」という注意書きまで貼り付けたというわけである。

冗談（上段？）もほどほどにしてほしいと思ったかどうかは定かではないが、とにかくこれは教材になるとひらめいたため、すぐに写真を撮った。

前章でも述べたが、ひらめくと同時に、授業プランを考え始めている。この靴箱を見た瞬間、浮かんだのは、次のような授業プランである。

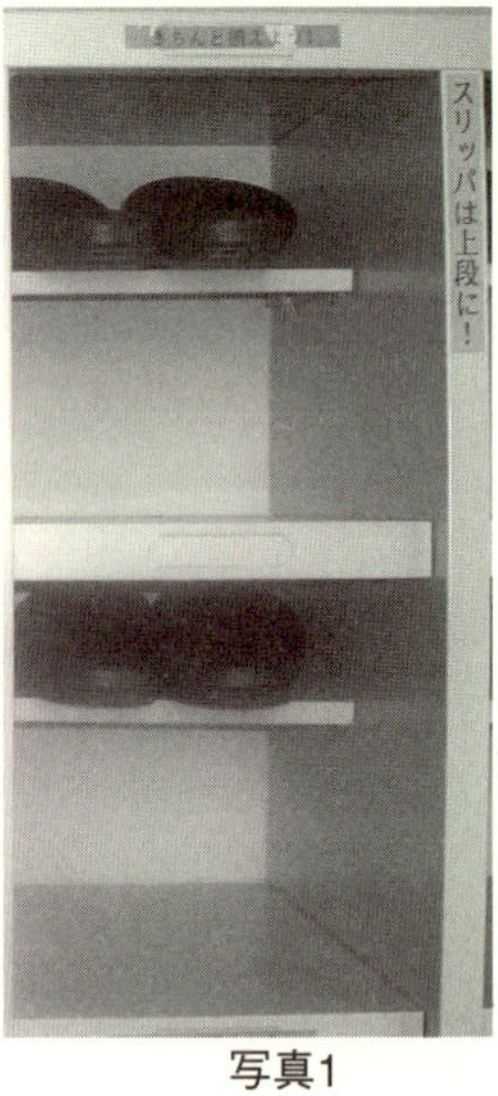


写真1

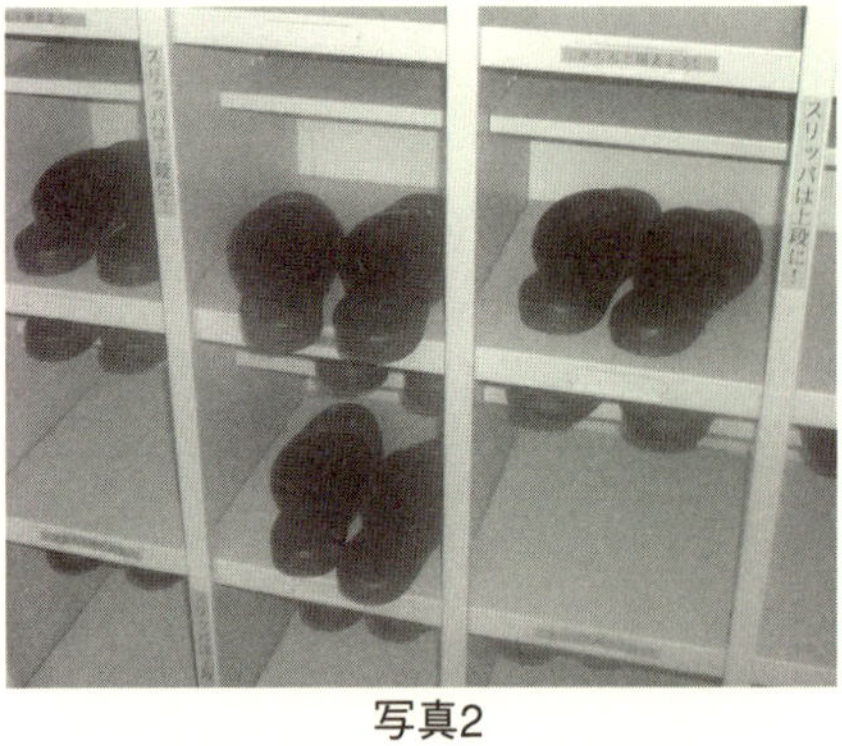

写真2

**授業プラン**

最初に、靴箱の**写真1**を示して問いかける。

**発問1** 気づいたことはありませんか。

発表させた後、注意書きを示す。

**発問2** いったい、どこの靴箱だと思いますか。

予想を発表させた後、大学の看板を示して発問する。

**発問3** どうしてこんな注意書きを貼っておかなければならないのでしょう。

「大学生になっても、使ったスリッパをきちんと揃えられないからだ」

という意見が出されるだろう。

**発問4** この注意書きは効き目があったと思いますか。

予想をさせた後、二枚目の写真を示す。

## ◆人の行動をインプットする

見かけた物だけでなく、人にもデジカメを向ける。

例えば写真3である。なぜこの写真を撮ったかおわかりだろうか。運転手の右手に注目してほしい。指の先にあるのはタバコである。灰をまき散らすだけでは足りないらしく、吸い殻までポイ捨てするドライバーをよく目撃する。

このような現場の写真は、マナーについて考えさせる教材となる。

写真3

子どものころからこのような行為に対するおかしさを感じさせておくことによって、ポイ捨てに抵抗感を感じる感性を育てていくのである。

**写真4**を見てほしい（子どもの顔は特定できないようにぼかしてある）。どんな意図で撮ったのだろうか。

実は、二年生の子どもが、

「希望の森（運動場の脇にある校内の小さな森）に鉛筆が落ちていました」

と言って落とし物を持ってきたところを写したものである。

ありがとうと言って鉛筆を預かろうとしたのだが、よく見てみると名前が書いてある。

そこで

「名前が書いてあるね。届けてくれる？」

と言って返したのだが、その時、ふと「これは教材になる」と感じた。

写真4

頭の中には「森から帰ってきた鉛筆」というタイトルが浮かび上がってきた。そして、次のようなミニ授業プランが構成されていった。

**授業プラン** ＝森から帰ってきた鉛筆＝

「森の中で行方不明になった鉛筆がありました」

「ところが、その鉛筆が持ち主のところへ帰ってきたのです」

**発問1** どうしてだと思いますか。

考えを発表させる。

「誰かが拾ってくれたからではないか」

という予想が出されるだろう。そこで写真を見せる。

「そうです。この二人の女の子が鉛筆を拾ってくれたのです」

**発問２** でも、拾われただけで、持ち主のところへ帰れるでしょうか。

「名前が書いてあったのではないか」ということに気づく子が出てくるだろう。

そこで、鉛筆を拡大して見せて、名前が書いてあったことを確認する。

「名前がきちんと書いてあれば、森の中で行方不明になっても、ちゃんと帰ってくることができるんですね」

次のような出来事もあった。

毎朝、小学校の校庭の掃きそうじをするのだが、一番最初に出会うのは中学生の女の子であった。その子は、必ずとても気持ちの良いあいさつをする。なんてすばらしい子なんだろうと思っていた。あるとき、その子が言った言葉を聞いて、秘密がわかったような気がした。それは次の言葉である。

「今日の太陽はきれいですね」

心の底から発している言葉であることが伝わってくる。思わず写真を撮らせてもらった。この時の出来事は、「一番気持ちの良いあいさつをする人」という話になった。

一番気持ちの良いあいさつをする人

1　一番気持ちの良いあいさつをする人

朝、落ち葉を掃いていると、いろいろな人が「おはようございます」とあいさつをしてくれます。

その中で、一番気持ちの良いあいさつをする人は誰だと思いますか。

それは、この人です（と言って、写真を見せる）。

※　子どもたちは、中学生の写真を見せられて、えっと思うだろう。

この人は、

S・Hさん

です。H中の一年生です。みんなの先輩ですね。

Sさんは、毎朝、自分からとても気持ちの良い声で「おはようございます」と自転車をこぎながらあいさつをしてくれます。

しかも、とてもさわやかな笑顔なのです。

気持ちの良い声とさわやかな笑顔

この二つがSさんを一番気持ちの良いあいさつをする人にしているのです。

2　感動する心があるからこそ

Sさんは、どうしてこんなに気持ちの良いあいさつができるのだろうと考えていたら、ある日、その秘密がわかりました。

Sさんは、その朝、「おはようございます」の後に、こう言ったのです。

太陽がきれいですね。

毎朝見ている太陽なのに、「きれいだなあ」と感動できる心をもっているのです。

私も思わず、その太陽を見ました。希望の森の向こうに輝く太陽は、Sさんの言うとおり、とてもきれいでした。うれしくなって、太陽の写真を撮りました。

これが、その写真です（と言って写真を見せる）。

Sさんは、こんな感動する心をもっているからこそ、あいさつも気持ち良くできるんだと思いました。感動する心が、気持ちの良いさわやかな笑顔を生み出していたのです。

さすが、みんなの先輩ですね。

こんな中学生になれる人が、この中に何人もいるんだなあと思うと、とても楽しみです。

以上のように、人の行動もすばらしい教材となる。そしてその出会いは、いつも突然やってくる。しかし、こちらに構えがあれば、見逃さないですむのである。

インプットについての講座を聴いた方々から、次のような感想をいただいた。

・情報収集には、やはり自分の足で、というのを実感できた。メモとデジカメを常備しなければと思った。

・インプットの話が大変ためになりました。見逃さない。意識して意識して意識しているうちに意識しなくなる。そのときに上達するというのは、私にも生徒にもあてはまるすばらしい言葉だと思いました。担当する野球部で使いたいと思います。

・私のインプットする道具で足りないのは、デジカメの活用で、もっと身の回りのことに気づけるようにできればと思う。今後も自分の引き出しに質の良い、いろんな材料を入れ続け、必要なときに出していきたい。

・鈴木先生の豊富なインプットの中から、中身の濃いアウトプットを受講させていただきました。ありがとうございました。私も心がけているのですが、集めたまま……、録画したまま……というのがけっこうあります。それらが身体化されるまで、がんばって続けていきたいと思います。

## 上達の技法❸ インプットの量を圧倒的に増やすことが基本である。

## 2　メディアを活用する

### ◆テーマをもつ

インプットの量を増やすには、できるだけ多くのメディアを活用することがポイントになる。ざっと挙げただけでも次のようなものが考えられる。

A　新聞・雑誌・本
B　ポスター・パンフレット・チラシ
C　テレビ・ラジオ・ビデオ
D　インターネット
E　人

これらのメディアは、誰の周りにもいつでもあると言ってよい。だからこそ、身近すぎて見逃してしまう場合も多い。見逃さないようにするにはどうすればいいのだろうか。

その方法の一つが

テーマをもつ

である。テーマがあると、さまざまな情報が目に飛び込んでくるようになる。

例えば、今日一日（二〇〇七年二月二十六日）だけでも次のような情報が集まってきた。

①「いじめられている君へ　いじめている君へ」朝日新聞
②「残り汁もごみ　全部持ち帰る」宮崎日日新聞
③「〃千の風〃に寄せる思い」クローズアップ現代（ＮＨＫ）
④「誇大求人広告ご用心」宮崎日日新聞

①は、「いじめ」というテーマをもっていたからひっかかってきた情報である。②は「環境問題」、③は「命」、④は「メディアリテラシー」というテーマでひっかかった。できるだけ多くのテーマをもつことが、情報を見逃さない方法であり、それによって質の良い情報も集まってくるようになる。

以下、「メディアの活用の仕方」と「授業プランの発想の仕方」ついて、いくつかのメディアを取り上げて述べていく。

## ◆素材の宝庫・新聞

素材の宝庫のベスト1は、新聞である。

道徳に限らず、あらゆる教科等の素材が毎日満載と言ってもよい。だから、

できるだけ多くの種類の新聞に目を通す

ようにしている。

そのためには、環境に合わせて工夫することが必要である。現在は単身赴任しているため、自宅の新

聞とちがう新聞をコンビニで購入するようにしている。職場が図書館と隣接しているので、気になる記事や時間的に余裕がある場合には、他紙にも目を通す。

特に気になる出来事が発生したときには、

### 全ての新聞を購入してチェックする

ようにしている。例えば、中日ドラゴンズがクライマックスシリーズで優勝したときには、全国紙の他、スポーツ新聞も全て購入した。

優勝が決まった翌日のラジオで、落合監督のリーダーシップのすばらしさについてたまたま耳にしたからである。それまで、オレ流と言われていた落合監督に対して、あまり関心をもっていなかった。ところがラジオを聞いてみると、リーダーシップの原則に基づいて選手を活かした結果の優勝であったことを知った。そこで新聞を全部買い集めたわけである。

新聞のチェックは次のようにしている。

① 見出しを見る。
② 気になった見出しの記事を斜め読みする。
③ 使えると感じた記事をコピーする。

コピーした記事の整理法については、後で詳しく述べる。例えば、次の見出しの記事が目に留まる。

**「不登校の日々やり直す」**（『宮崎日日新聞』二〇〇六年二月二十七日付）

このような記事を見つけると、使えそうだ、と瞬間的にひらめく。内容を斜め読みしてみる。高校の定時制課程を卒業する力武君憲さんが取り上げられた記事である。

中学校時代に非行に走り、ほとんど不登校で過ごした力武さんが、「振り向くな。後ろに夢はない」という母の言葉(二〇〇五年に病気で死別)に支えられ、卒業の日を迎えたという内容である。

この記事は、優れた素材であると感じた。少し手を加えるだけですぐに使える教材になるからである。この時点で、卒業前の子どもたちに贈る授業の資料にしてみたい、できれば力武さんの話を直接聞いて教材化してみたい、という構想が次々に浮かんでくる。

コピーして「教材開発素材ファイル」に綴じた。写真はスキャナーで読み込んだ。

## ◆広告も見逃さない

新聞は記事だけが素材ではない。

> 広告からも貴重な素材が数多く見つかる

のである。

「クロネコ30年浪漫。」という全面広告があった。『毎日新聞』二〇〇六年一月二十日に掲載されたものである。この広告は次のような言葉で始まる。

**「名前で呼ばれて一人前。**
**それは、先輩クロネコが後輩クロネコへ、はじめに教える目標です。」**

どういう意味かおわかりだろうか。

広告によると、「宅急便のセールスドライバーは、担当エリアのすべての人の名前を知っているし、顔もわかる」という。ここで取り上げられた風間福夫氏は、自分から名前を呼んで挨拶するうちに、みんなから「福ちゃん」と声をかけられるようになった。

まずは自分から声をかけることの大切さを物語るエピソードである。

広告とはいうものの、このような良質な内容はぜひ活かしたい。

使える広告は、キャッチコピーが優れている。

練り上げられた言葉だけに、授業構成を工夫すれば、子どもたちの脳裏に深く刻み込まれる。それが子どもたちの意識や行動を変える力となる。

## ◆充実した素材・雑誌

雑誌から重要な情報をチェックするための最大のコツは、

### 毎日書店に立ち寄る

ことである。ビジネス雑誌、スポーツ雑誌、健康雑誌、教養誌、女性雑誌、一般雑誌など、あらゆる雑誌をチェックする。

例えば『クロワッサン』二〇〇六年二月二十五日号は「無駄なく心地いい、小さな暮らし方。」という特集であった。

ここには、次のような言葉があった。

**「自分の一番好きなものを手に入れたら、他のものは我慢する。」**（前掲書三十四ページ）

この言葉だけで道徳授業の構想が頭に浮かび始める。

次から次にモノを欲しがる子どもたちの意識を変える授業ができるのではないか、物質文明におかされた現代社会を考える授業ができるのではないか……という具合である。

『笑う食卓』（オータパブリケイションズ）という雑誌があった（二〇〇六年九月二十九日発売の第十一号で休刊）。食育を推進することを目的とした雑誌である。第七号に次の記事があった。

**「Ｍｙ箸のすすめ！キャンペーンをはじめます。」**（前掲書四十ページ）

記事によると、「自分の箸」を決めて使うのは日本だけであるという。キャンペーンでは「Ｍｙ箸」でもったいない精神を養うことを目的としている。おしゃれな箸が紹介されていて、写真を見ているだけで、自分も使ってみたいと思ってしまう。物を大切にすることを考えさせる授業プランができそうだという気がしてくる。先の『クロワッサン』の記事と関連づけた授業プランも考えられるかもしれない。

雑誌のよさは、次のような情報が網羅されていることである。

①　十分な情報量
②　引きつける構成の工夫
③　魅力的な写真

②の構成は、授業構成の大きなヒントになる。

③はそのまま教材となる。

意外と見逃しがちなのが、飛行機などの機内誌である。結構、貴重な情報が見つかる。しかも無料である。だから、飛行機に乗ると、必ず機内誌をチェックする。JALグループ機内誌『SKYWARD』二〇〇五年六月号には、「ある飛行機乗りの言葉」と題して、作家の鈴木光司氏が、サン＝テグジュペリの著作から次のような言葉を紹介している（引用部分は各原典より）。

**「心で見なくちゃ、ものごとはよく見えないってことさ。かんじんなことは、目に見えないんだよ」**

（『星の王子様』サン＝テグジュペリ著・岩波少年文庫・百二十七ページ）

**「人間の幸福は、自由の中に存在するのではなく、義務の甘受の中に存在するのだという事実を、明らかにしてくれた点に感謝する」**

（『夜間飛行』サン＝テグジュペリ著・新潮文庫・十一ページ　アンドレ・ジッドの序文より）

**「また経験はぼくらに教えてくれる、愛するということは、おたがいに顔を見あうことではなくて、いっしょに同じ方向を見ることだと。」**

（『人間の土地』サン＝テグジュペリ著・新潮文庫・二百十六ページ）

道徳の授業に関連させて使える言葉の数々である。

この他にも、素材となりそうな記事や広告を四つほど発見し、ずいぶん得をしたと思った。

## ◆深く掘り下げられた素材・本

一つのテーマについて最も深く掘り下げられているという点では本にかなうメディアはない。だから、テーマによっては、新聞や雑誌などで目に留まった情報を関連する本で深く調べてみる必要がある。

また、あるテーマで一冊の本が目に留まる場合もある。『金メダルシューズのつくり方』（三村仁司著・情報センター出版局）という本がある。三村氏は、アシックスのシューズ職人である。高橋尚子、有森裕子、谷口浩美など、名だたるランナーのシューズを作り続けている人である。

高橋尚子氏は次のように証言する。

「シューズはマラソンを走るとき、スタートからゴールまで一緒にいる唯一の友です。もう身体の一部と言ってもいいくらいですが、なかでも私は三村さんのシューズがないと走れません。」

（前掲書百四十五ページ）

華やかな金メダルを支えているのは、地味な職人なのである。

三村氏は、トップアスリートに共通する点として、次のように言う。

「彼らはとても道具を大事にする。粗雑に扱わないという意味ではなく、妥協をしないということだ。道具に無頓着な選手もなかにはいるが、そういう人はそこそこの成績しか残せないことが多い。」

（前掲書百二十八ページ）

こういう本を読むと、道徳の授業を創りたくなる。

しかも、

いくつかの視点で何種類かの授業が発想できる

のである。

例えば、「一流を支える人々」「人にとって道具とは何か」などである。これが一つのテーマで深く掘り下げられた本のすごさである。このような素晴らしい本に出会えるのも、先に述べたように毎日書店に通うからである。

私の手帳には、次のようなページがある。

○買いたい本　○買った本　○読み終えた本

買った本の欄には、一か月で平均十五冊の本がメモされている。当然、雑誌などは含まれていない。

二〇〇七年一月に買った本の欄には次のようにメモされている。

1／2①『「超」強育論』宮本哲也（ディスカヴァー・トゥエンティワン）
1／7②『データの罠　世論はこうしてつくられる』田村秀（集英社新書）
1／9③『生命に仕組まれた遺伝子のいたずら』石浦章一（羊土社）
1／13④『奇跡と呼ばれた学校』荒瀬克己（朝日新書）
1／19⑤『日本語はなぜ美しいのか』黒川伊保子（集英社新書）
…

なぜ買った本をメモしておくのか。

買ったからといって全て読むわけではないからである。

いつか役に立つ

と感じたら買うのである。

そうであるならば、使いたいときに確認できるようにしておきたい。そのために買った本をメモしておくのである。買う本の多くは、書店で直接手にとって確かめたものである。書評などで興味をもった本でも、書店で確認してから買うことが多い。

サークルメンバーには、年間二百冊読破するという読書の達人がいる。読んだ本はブログに紹介されている。

若いメンバーは、そのブログを参考にして、評価の高かった本を買うことも多いらしい。

しかし、それだけでは本を選ぶ目は養われない。書店で自分の目で見て決めるという作業を何年も繰り返すことでしか良い本と出会えるようにはならないのである。

若いメンバーにときどき言う。

> 紹介された本ばかり追うな。自分で見つけろ。

## ◆洗練された素材・ポスターとパンフレット

学校には年間相当な数のポスターが送付されてくる。ところが、ポスターに無頓着な教師が多い。目の前にある貴重な素材を平気で見逃しているのである。

ポスターは、使われている言葉やイラスト、写真などが実に洗練されている。無駄がない。道徳授業にそのまま活用できるほど洗練されているのである。

次のポスターを見てほしい（宮崎県・ひむかのくに環境保全推進県民会議ポスター）。

どんな授業構想が浮かぶだろうか。例えば次のような展開が考えられる。

ひむかのくに環境保全推進県民会議（現在は解消）のポスター

① 絵だけ見せて、感じたことを発表させる。
② ポスターの絵であることを知らせ、何のポスターか予想させる。
③ 予想させた後、次の言葉を示す。
「この風も　きもちいい　〇〇〇」
④ **発問** 〇〇〇にどんな言葉を入れますか。
⑤ 予想を発表させた後、「省エネ」という言葉を示す。
⑥ なぜ風が省エネなのか考えさせる。

子どもたちはどんな反応をするだろうか。このポスターをきっかけに身の回りの省エネを考えさせる授業ができそうである。

このように洗練された素材であるポスターが、掲示板に貼られるだけで、いつしか破り捨てられていくのである。もったいないとしか言いようがない。

だから私は、学校に送付されてきたポスターをほとんど全部チェックする。外出先に貼ってあるポスターもチェックする。もらえるものであればもらうし、もらえなければ写真に撮る。このようにして集めたポスターで開発した授業も数多い。

学校に送付されてくるパンフレットなどもあまり読まれているとは言えない。公共施設などにもいろいろなパンフレットが置いてあり、自由にもらうことができる。これを利用しないともったいない。

ポスターのような迫力ある大きな写真などは望めないが、貴重な情報やユニークな情報がコンパクトに盛り込まれている。小さな写真やイラストでも、スキャナーで読み込んで大きく提示すれば、ポスターに負けない迫力を演出することもできる。

## ◆ピンポイントで情報を集める・インターネット

インターネットを積極的に活用することはめったにない。誰かのホームページを閲覧することもほとんどない。そんな時間があったら、本を読んだり、いろいろな人と触れ合ったりしたいからである。

だから、インターネットは

必要な情報だけをピンポイントで集める

という活用をしている。

授業づくりをする中で、「こんな写真がほしい」というように必要な情報が具体的に絞り込まれているときに使うのである。授業の最後の仕上げに、この情報があった方がよいという場合に使うのである。

第一章で紹介した「平凡から抜け出すには」の授業プランでは、バレンタイン監督とチャンピオンフラッグの写真をインターネットで検索した。

このような使い方であればアクセス時間も短時間で済み、無駄がない。

## ◆すごいと感じた人を取材する

この人はすごいと感じたら、できる限り取材をする。

日向市の環境整備課に勤務しておられるSさんも、そのような一人である。Sさんを知ったきっかけは、勤務していた学校で開催した「ふれあい教室」である。「ふれあい教室」というのは、地域のさまざまな分野で活躍されている方々をゲストとして招き、話を聞くという時間である。八時十分から八時三十五分という短い時間なのだが、なかなか面白い話を聞くことができる。

その話の中でSさんが語った次の言葉が心に突き刺さった。

**「ゴミには、その人の人柄が表れる」**

この言葉をキーワードにして道徳の授業を創りたいと思った。

そこで、Sさんに取材を申し込んだ。

Sさんはこの申し入れを快諾され、わざわざ学校まで来てくださった。ビデオを回しながら、一時間にわたってインタビューを行った。

この取材をもとに、「ゴミには人柄が表れる」という道徳授業を開発した。

授業の導入部分だけ紹介してみる。

**授業の導入**

Sさんの写真を提示して説明する。

**説明** この人は、Sさんといって、ゴミ収集車でゴミを集める仕事をしておられます。Sさんは、ゴミを集める仕事をしているうちに、あることがゴミから見えるようになったと言っています。

**発問** Sさんは何が見えるようになったのでしょう。

思いついたことを発表させた後、「人柄」と板書する。

新聞記事で知った仁田畑やす子さんもすごい方である。

一九九三年にガンで余命二か月と宣告されたのにもかかわらず、奇跡的に回復し、県内最大級の美術展である宮日美展で見事に特選に輝いたのである（『宮崎日日新聞』二〇〇四年九月二十九日付）。

仁田畑さんは、新聞社の取材で次のように答えていた。

「**たとえ死の宣告を受けても、あきらめてはだめ。奇跡は起きる**」

このようなすばらしい生き方をしている人をぜひ子どもたちに知らせたいと思った。

そこで、さっそく仁田畑さんに手紙を書いた。授業の趣旨を説明するとともに、

「子どもたちへのメッセージをお願いします」

というお願いをした。返事は来なくて当たり前と思うことである。

こちらの都合で勝手なお願いをするのだから、それに応える義務はないのである。数日後、仁田畑さんから手紙が届いた。次のように書かれていた。

> みなさんに伝えたいメッセージは、ただ一つ。
> 友達を大事に！
> その小さなことが、花を美しいと思い、動物をかわいがり、親を尊敬し、老人をいたわる心

になるのだと思います。

社会に恩返しすることは、なかなかできませんが、病院に絵を展示したりして、もうすぐ赤ちゃんが生まれるお母さん方に季節の花の絵を見ていただいています。

今もまだ、病気の後遺症で、苦しい日々を過ごしていますが、絵を描き、描ける喜びを、病に勝つ手だてとして、一日一日を大事にしています。


うれしかった。

こうして「奇跡は起きる」という道徳授業が完成した。

直接会う。手紙を書く。

教師自身が惚れ込んだ方々に、誠意をもって接すれば何らかの手応えがあるものである。それが子どもたちの意識を大きく変える道徳授業として結実する。

## 上達の技法❹ メディアを活用する。

① 多くのテーマをもつことでさまざまなメディアから情報が集まってくる。
② メディアの特性に合った活用の仕方を工夫しよう。

仁田畑やす子さん（写真提供：宮崎日日新聞社）

# 3 情報を整理する

## ◆情報を整理する目的

私の講座を受けられた方々から次のような質問をされることがある。

「情報をどのように整理しているのですか」

多様な情報を駆使して話をしているように見えるらしく、情報整理について何か特別な工夫をしているのではないかと思われるようである。しかし、きちんと整理しているのは、新聞や雑誌などのコピーや切り抜きだけである。一番よく活用する情報だからである。情報は、集めるだけではゴミである。

| |
|---|
| 活用しやすいように整理しておいてこそ意味がある |

のである。

「活用しやすいように」というのは、アウトプットを意識するということである。

アウトプットの考え方には二種類ある。

| |
|---|
| A　アウトプットする場が明確になっている。 |
| B　いつかアウトプットする場があると想定している。 |

何となく情報を集めるのではなく、自分の現在の仕事や今後の仕事から想定して、この情報はいずれ

使うときがやって来るという確信をもつことが大切なのである。

### ◆ファイルを活用する

情報整理のために、さまざまな方法が開発されている。

私も、情報カードや袋ファイルなど、良いと思った方法は何でも試してきた。あれこれ試行錯誤してきた結果、現在は、二つ穴のファイルに綴じるようにしている。背幅六センチ程度のＡ４サイズのチューブファイルである。だから、ファイルに収納する全ての情報はＡ４サイズに統一する。

この方法を活用するようになったのは、教頭をしているときである。学校は、膨大な文書であふれている。各部から提案される文書、教育委員会などから送られてくる文書などである。

これらの文書について職員からときどき尋ねられる。「内容を確認したい」「どこに置いたかわからなくなったので見せてほしい」。教育委員会やＰＴＡなどから問い合わせの電話が来ることもある。そのようなとき、すぐ提示できるようにしたいと思ったのである。あまり細かく分類しすぎるとかえって見つけにくい。そこで、大きな分類でファイリングすることにした。

例えば、「学習指導部」「生徒指導部」「保健体育部」という具合である。それぞれのファイルの中は、インデックスカードで係ごとに仕切っていく。

情報整理のためのファイル

このときに重要な技法は、

**「その他」という項目を必ず入れる**

ということである。

情報整理の常識であるが、どこにも属さない情報が必ずあるからである。このファイルのおかげで、資料がパッと見つかるようになった。

これと同じ手法で、教材開発のために集めた情報や作成した資料を整理している。ファイルも大きく分けると二種類ある。

A　集めた情報を整理するファイル。
B　作成した情報を整理するファイル。

それぞれ次のようなファイルがある。

A……「教材開発素材」「教育」「教育データ」「社会科」「重要参考文献」「例会資料」（メンバーが作成した資料）「学校経営」など。

B……「教材づくり」「例会資料」（自分が提案した資料）「各種通信」など。

## ◆ファイルも進化する

本書にもっとも関係の深い「教材開発素材」ファイルを取り上げて、詳しく述べてみよう。小分類の項目やどのような資料がファイルされているかを知ることにより、参考になる点があるかもしれないからである。

「教材開発素材」ファイルには、教材開発に直結しそうな質の高い情報が入っている。言ってみれば、もっともホットな資料である。

二十年以上付き合っているサークルメンバーも見たことのないファイルであり、一冊で何十本もの授業開発ができる素材が詰まっている。ファイルの中は、次のような項目で分類されている。

| |
|---|
| ○「各教科」　○「道徳」　○「生き方」<br>○「話の素材」　○「その他」 |

ファイルを作ったころは、「各教科」「道徳」「その他」の三分類であった。しかし、集めていくうちに、一時間の授業にはならないものの、ちょっとした小話（朝の会や学年朝会、全校朝会などで活用できる話）になる素材が集まってきて「話の素材」という分類を増やした。

「生き方」は「道徳」の中に入れてあったのだが、さまざまな人々の生き方に関する資料が集まってきたため、分類を増やしたものである。

つまり、

| |
|---|
| ファイルも進化していく |

のである。

一冊のファイルに入り切らなくなった場合には「教材開発素材2」というファイルを作る。

この場合、小分類が、次のように分かれていく。

| |
|---|
| 分冊1　「道徳」「生き方」<br>分冊2　「各教科」「話の素材」「その他」 |

「教材開発素材」ファイルの写真を次に示す。

「教材開発素材」ファイル

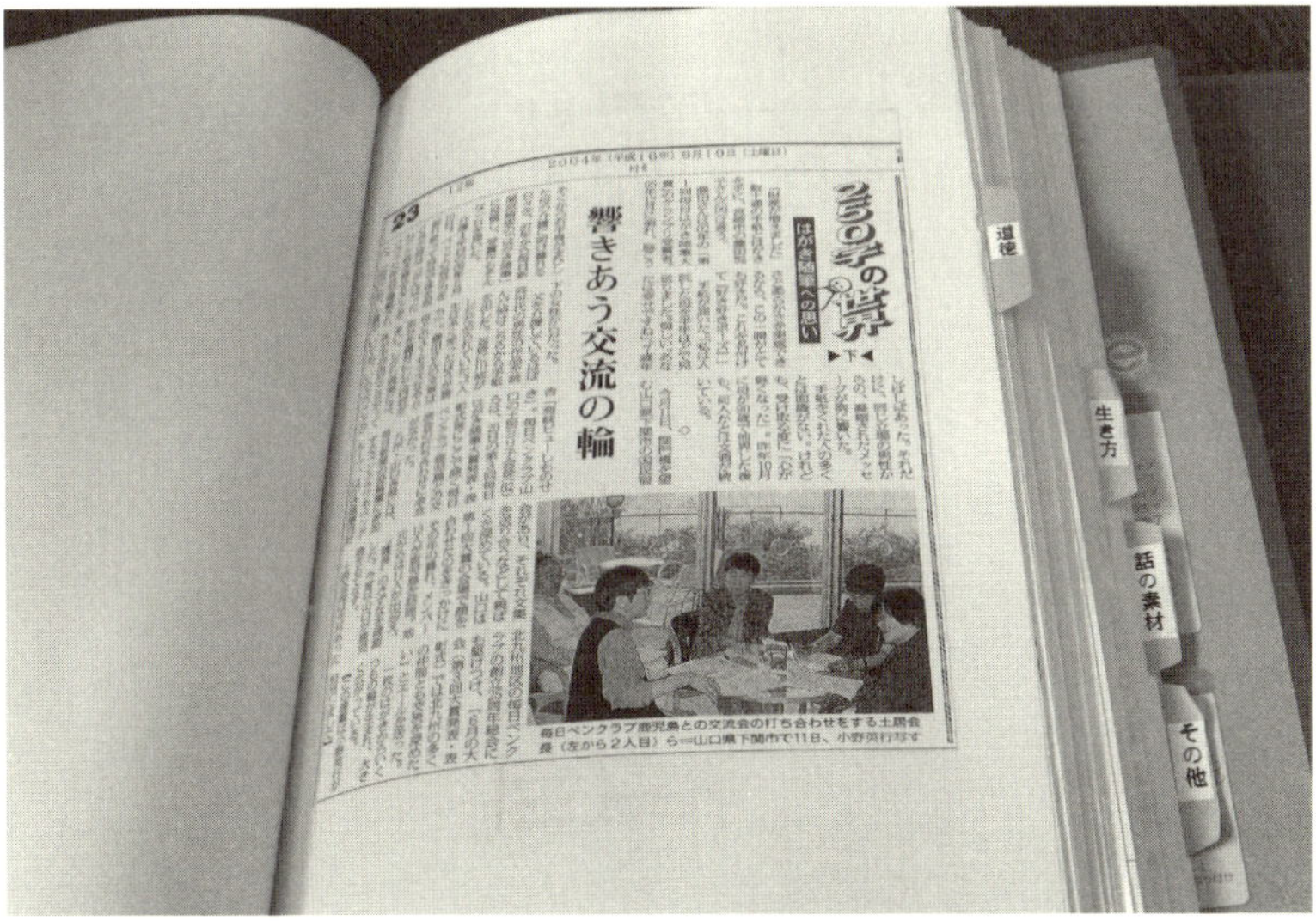


「教材開発素材」ファイルの中

## ◆ファイルされた資料の多様性

ファイルの中には、どのような資料が収められているのだろうか。「道徳」という項目の中を見てみると、次のような資料が収められている。

資料① Ａ小学校からのＦＡＸ
資料② 母の手作り金メダル（『毎日新聞』二〇〇六年二月十四日付記事）
資料③ 進化しつづけるから№１（『毎日新聞』二〇〇六年一月二十八日付広告）
資料④ そうじをして心もきれいに（『宮崎日日新聞』二〇〇六年一月二十七日付投稿）
資料⑤「いただきます」を忘れていませんか？（みやざきブランド推進本部パンフレット）

インデックスカードを開いたところにあった資料を順に紹介しただけなので、日付が近い。

資料①は、ある新聞記事を読んで関心をもった小学校に電話をして、資料を送ってもらったときのＦＡＸである。新聞記事をファイルするだけでなく、積極的に働きかけることが重要である。価値があると感じたら、そのときにすぐ行動を起こすことである。このようにして資料を集めておくと、厚みのある授業になる。

資料②は、トリノ冬季五輪に出場した上村愛子選手のエピソードを報じた記事である。金メダルを取った選手ばかりが主役になるのではない。人生は挫折の連続である。負けた選手やそれを支える周りの人々からこそ学ぶことが多いのである。

資料③は、ＮＴＴ西日本の広告のキャッチコピーである。使われているキャラクターはイチロー。次のような言葉がつけられている。

**「もっと技術を磨くこと。もっと想いに応えること。**
**たえず可能性に挑みつづけることが、**
**No.１に与えられた使命です。」**

自分自身のやる気を高められる広告である。授業に使いたい広告の一つである。

資料④は、小学校六年生が読者の声欄に投稿した作文である。教頭先生と職員室を一生懸命そうじをしたときの達成感がすがすがしく綴られている。このまま読み物資料として使えるほどの作文である。児童生徒の書いた作文という身近な素材も見逃せない情報である。

資料⑤は、パンフレットである。小さなパンフレットだったため、封筒に入れてファイリングしておいたものである。このパンフレットをもとにした授業プランは、熊本のセミナーで大きな反響を呼んだ。ファイルされた資料のほんの一部を見ただけでも、情報収集のアンテナをどのように張っているかが見えてくるのではないだろうか。

以上のように、私にとって一級品の資料がファイルされているのである。

## ◆開発中の資料ファイル

授業を開発中の資料は、

クリアフォルダに収納する

ようにしている。

資料の追加や削減がアクティブにできるようにしておくためである。現在進行中の仕事ファイルが、常に四〜五種類バッグに入っていて、関連する資料が目に留まったら追加されていく。

こうして熟成されたファイルから授業が生まれていくのである。

関連資料から教材化していく方法については、第三章で述べる。

開発中の資料ファイル

## ◆本・雑誌の整理

一番悩んでいるのが、本や雑誌の整理である。書斎が狭いため、床に平積みになり、ついに廊下にまで進出した。書斎には入れない状態である。家族からは不評を買っている。このような状態であるにもかかわらず、特に本や雑誌の整理はしていない。せいぜい次の分類をしている程度である。

| | |
|---|---|
| 本 | ……絵本、知的生産、ビジネス、社会問題、教育、新書、文庫、小説、その他 |
| 雑誌 | ……スポーツ、ビジネス、社会問題、その他 |

こんな大雑把な分類で、必要な情報に行き着くのだろうかと心配する人がいるかもしれないが、不思議なことにちゃんと行き着くのである。

本や雑誌を購入するときに、買う価値があるかどうか十分検討するので、印象に残っているのである。だから、こんな道徳授業を開発しようと考えたときに、「あの本があったぞ」と思いつくのである。

とはいうものの、今一番作りたいのは書庫である。

## ◆電子データを整理する

パソコンを使うようになってから、次の三つを活用した情報だけは、しっかり整理するようになった。

A　インターネット
B　デジカメ
C　スキャナー

Ａ～Ｃで入手した情報を活用しやすいように、パソコンの中には、次のフォルダを作っている。

ア　インターネット情報
イ　画像
ウ　スキャナー

「インターネット情報」フォルダには、インターネットで検索してダウンロードした情報が入れてある。

「画像」フォルダには、デジカメで撮った画像が入れてある。

「スキャナー」フォルダには、スキャナーで読み込んだ情報が入れてある。

この三つのフォルダに、時系列でどんどん情報を入れていく。


時系列だから、探すときもそう時間がかからない。特に重宝しているのがスキャナーである。新聞や雑誌、本の中の写真、新聞の見出しなど、アンテナにかかった情報は全てスキャナーで読み込んでいる。新聞の見出しを読み込むのは、自分で見出しを作るより、生の情報に近い迫力を感じるからである。道徳授業の教材づくりで最も活躍しているのは、スキャナーで読み込んだ情報である。この他、自分で作成した資料は、目的別にフォルダを作っている。

次のようなフォルダがある。

「教師力を高める」「授業づくりの基礎・基本」「講座・講義」「道徳」「本の原稿」「雑誌原稿」「食に関する指導」「社会科」「教頭通信」「リーダーシップ」「読書日記」「パズル」「その他」など。

## 上達の技法❺ 活用するためにこそ、情報を整理せよ。

① アウトプットの場を常に意識しよう。

② 必要な情報にすぐアクセスできるファイルを工夫しよう。

# 第三章　教材化の技法

教師にとって最大のアウトプットの場は、授業である。膨大な情報をどのように焦点化していくかが授業の質を左右する。質の高い授業を創り出すためには素材をどのように教材化するかが大きなポイントになる。その技法を示す。

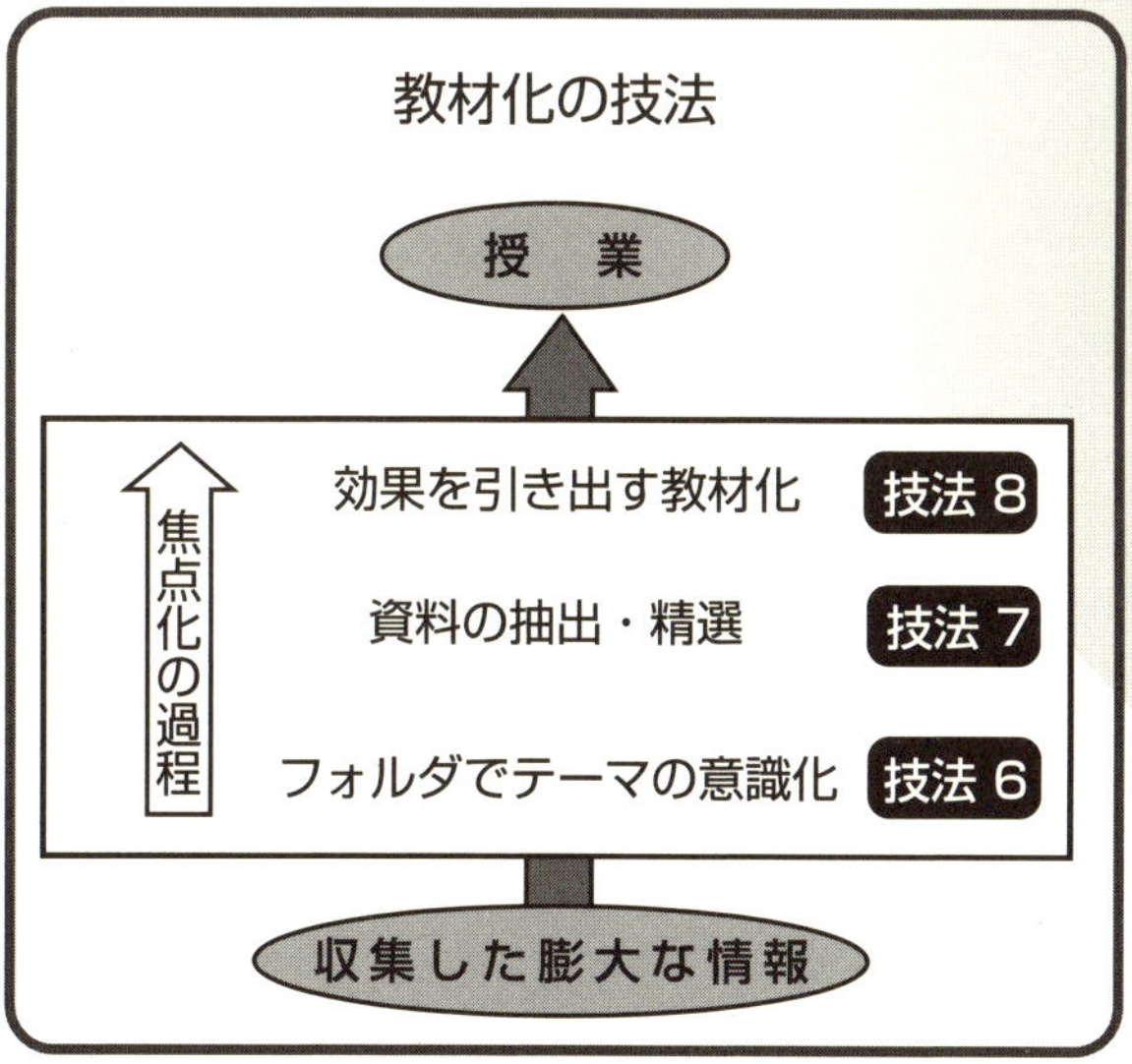

# 1　教材化の三つの段階

## ◆素材を教材へ

授業になりそうな情報（資料）を集めたものの、なかなか教材化できないという声も聞く。授業で使いたいけれども、どうやって教材化するかわからないというわけである。

せっかくの素材（授業で使えそうな資料）をそのまま何の加工もしないで使っている授業を目にすることも多い。写真をそのまま、新聞記事をそのまま、パンフレットをそのままという感じなのである。もったいないと思う。効果が半減するからである。それどころか、どんな効果があったのだろうかと首をかしげることとすらある。

そこで、本章では、素材をどのように教材化するかについて述べる。素材と教材の関係は、料理でいうならば生肉とステーキみたいなものである。馬刺しなど、生のまま食べる肉もあるだろうが、それでも食欲をそそる刺身として形を変えている。塊のままではない。

やはり、素材を教材化することが質の高い授業を実現するためには重要なのである。

## ◆教材化の三つの段階

素材を教材化するためには三つの段階がある。

第一段階　関連資料をまとめる。
第二段階　資料を精選する。
第三段階　教材化する。

図解すると次のようになる。

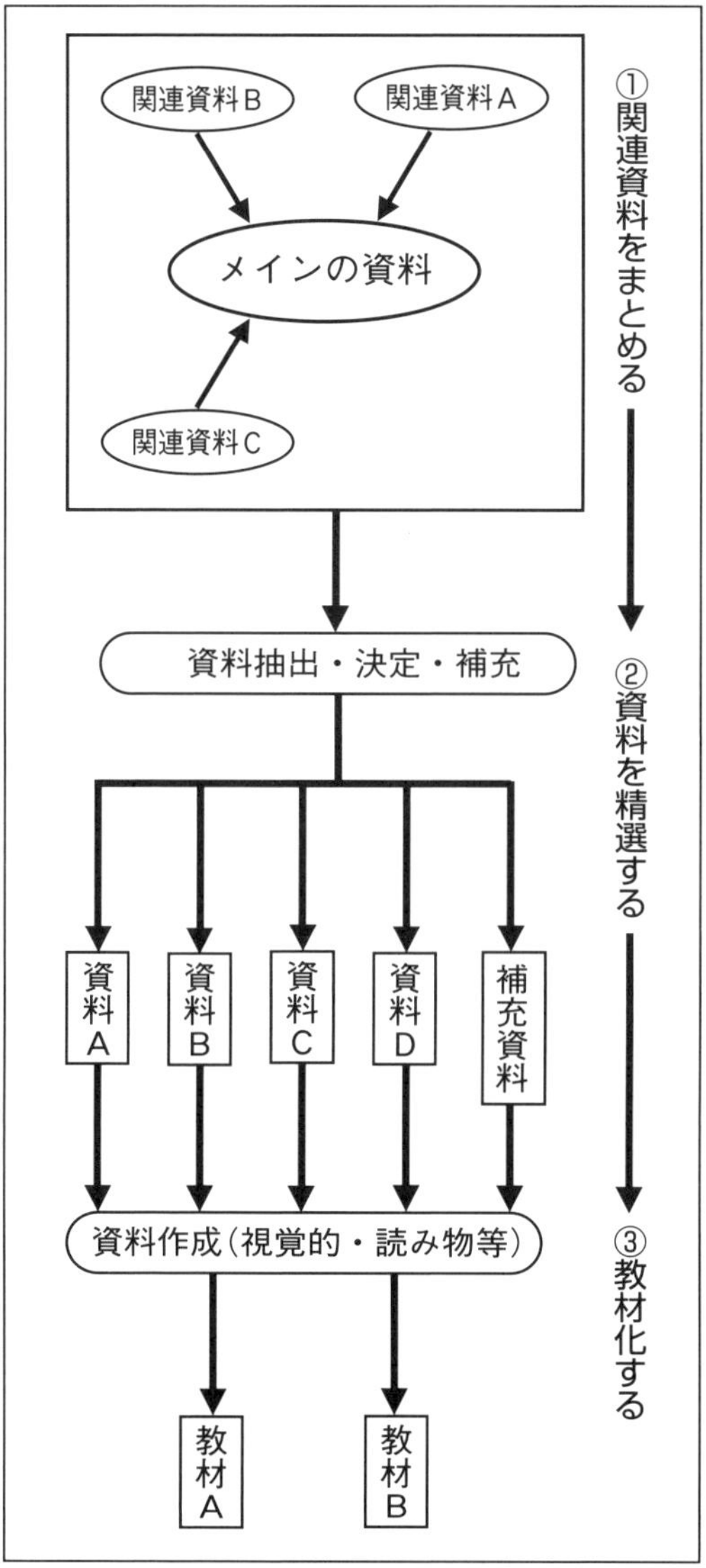


教材化の三つの段階

以下で詳しく述べていく。

## 2　関連資料をまとめる

### ◆メインの資料を決める

授業プランを創る場合、中心となる資料がある。この資料なら、一時間の授業としてプランを構成できるという内容のあるものである。

いい資料ではあるが、これだけでは一時間の授業プランを創るのは厳しいと思うものは、メインの資料とはならない。

「教材開発素材」ファイルで次の資料を紹介した。

| | |
|---|---|
| 資料① | A小学校からのFAX |
| 資料② | 母の手作り金メダル（『毎日新聞』二〇〇六年二月十四日付記事） |
| 資料③ | 進化しつづけるから№1（『毎日新聞』二〇〇六年一月二十八日付広告） |
| 資料④ | そうじをして心もきれいに（『宮崎日日新聞』二〇〇六年一月二十七日付投稿） |
| 資料⑤ | 「いただきます」を忘れていませんか？（みやざきブランド推進本部パンフレット） |

（※資料の個別の説明は六十〜六十一ページ参照）

資料②・資料④・資料⑤は、メインの資料候補である。授業の骨格を考えたときに、これだけでも何とか一時間の授業を組み立てられるかもしれないと考えられるからである。

例えば資料②の資料で授業プランを考えてみよう。若干の補足資料は必要だが、この一枚だけで、次のようなプランが思い浮かぶ。

**授業プラン**

① 上村選手の競技している写真を提示して興味・関心を高める。

② これまでの成績などを紹介し、トリノ冬季五輪ではメダルを狙っていたことを知らせる。

③ 結果は五位であったことを知らせる。

④ **発問** メダルはもらえましたか。

⑤ 「ところがもらえたのです」と言って驚かせる。

⑥ 手作りの金メダルをもらっている上村選手の写真を示す。

⑦ 読み物資料「母の手作り金メダル」（記事から作成）を読む。

⑧ 手作りの金メダルをもらったときの上村選手の言葉を考える。

⑨ 次へのモチベーションを高めた理由を話し合う。

（写真提供：毎日新聞社）

手作りの金メダルをもらっている上村選手

これに対して、資料①・資料③は、この資料だけでは、せいぜい小話を作れる程度であろう。小話を作るための資料と考えるのであればメイン資料となるが、一時間の授業を創るとすれば、他のメイン資料に関連する資料となるだろう。

例えば資料③で小話を考えてみる。

① 「〇〇しつづけるから№1」という言葉を提示する。
② 発問 「〇〇」には漢字二字が入ります。どんな言葉が入ると思いますか。
③ 発表させた後、「進化」であることを知らせる。
④ なぜ「進化」しつづければ№1なのでしょう。
⑤ 広告に使われている言葉を示す。
⑥ この広告には、誰が出てくると思いますか。
⑦ イチローの写真を示す。
⑧ イチローの成績を紹介する。
⑨ イチローの言葉をいくつか紹介する。
⑩ 自分が進化しつづけたいことは何ですか。

これだけでは、一単位時間の授業にはならないだろう。もちろん他の資料と組み合わせれば可能ではあるが、メイン資料としては弱い。資料②のように、一枚だけでほぼ一単位時間の授業ができるメイン資料を決めることから教材化が始まる。

## ◆メイン資料のフォルダを作る

一時間の授業として組み立てたいメインの資料が決まったら、それをクリアフォルダに入れる。

メイン資料をテーマとするフォルダ

を作るのである。とりあえずでいいから、このフォルダフォルダを作ることが教材化の第一歩である。

メインとなる資料ごとにフォルダを作る意味はどこにあるのだろうか。それは、この

関連資料が集まり始める

という効果が出てくることである。それは、フォルダという目に見える形にすることで、テーマが強く意識づけられるのである。人間というのは不思議なもので、意識しているテーマがあると、関連する資料が目に留まるようになる。意図的にこんな資料を付け加えたいという場合もあるが、自然と関連資料と出会うのである。テーマに対する感性が研ぎ澄まされるのだと思う。

この原稿を書いている時点で、次のようなフォルダを作っている。

フォルダ1　初心を忘れず、いまに満足せず（井上康生選手の言葉）
フォルダ2　お掃除と人生（「お菓子の日高」の日高美恵子氏の自伝）
フォルダ3　御崎馬に人生を賭ける（都井岬に人生を賭ける若き研究者・秋田優氏）
フォルダ4　ありがとう精神があれば戦略は必要ない（一代で全国指折りの洋菓子店を作り上げた津曲孝氏）
フォルダ5　誰にもつくれないなら、俺がつくる！（岡野雅行氏の生き方）

フォルダ6　主役のいない誕生日（第二十回感動作文コンクールより）
フォルダ7　常に頭を働かせて（コーヒー店経営・林義国氏）
フォルダ8　漂着物から見える世界

この八つのうちいくつかは、近いうちに授業プランとして日の目を見ることになるだろう。

## ◆関連資料を集める

関連資料をどのようにして集めていくかについて、フォルダ1を例に説明する。

井上康生選手の言葉を知ったのは、『宮崎日日新聞』のコラム（二〇〇七年二月二十日付）である。

十四年前に宮日スポーツ賞を受賞した井上康生選手のことが取り上げられていた。宮崎に住んでいながら、そんなことは全く知らなかったので、興味深く記事を読んだ。

そして、最後の言葉がグッときた。


**井上選手から託された言葉を贈る。**

**「初心を忘れず、いまに満足せず」**


井上康生選手の言葉だけに、実に説得力がある。この言葉をメインに授業を創りたいと思った。一流の人間の言葉には、人を動かす力がある。

グッとくる言葉と出会うと子どもたちに伝えたいという思いが込み上げてくる。

このコラムがメイン資料となった瞬間である。

さっそく、クリアフォルダに入れた。すると、ふと思いついた。

「今年の宮日スポーツ賞の記事も関連資料で使えるのではないだろうか」

こんな考えが出てくるのも、クリアフォルダに入れて、テーマが明確に意識されたからである。これを一つの資料として大きなファイルに綴じ込んでいたら、そのまま埋もれてしまっていたかもしれない。

### テーマの意識化を見える形にする

ことの効果である。

するとやはり翌日、使える記事が掲載された。しかも二つである。

関連資料Ａ　宮日スポーツ賞受賞者喜びの声
関連資料Ｂ　宮日スポーツ賞贈呈式の写真

Ａには、私が現在勤務している市から選ばれた人の名前もあった。国体のレスリングで優勝した江藤公洋選手である。江藤選手は、受賞に際して、高校三年生とは思えないコメントを寄せていた。

**「自分の力はまだまだ。おごることなく、1から始めたいと思います。」**

井上康生の言葉に通じるものがある。これで一時間の授業を組み立てることができるという確信をもつことができた。

関連資料Ｂには、今年度宮日スポーツ賞を受賞した人々の写真がカラーで掲載されていた。

この写真を導入で使いたいというアイデアが浮かんでくる。思考が刺激されて止まらなくなるという感じである。こうなってくると、手に入れたい情報も見えてくる。

関連資料C　国体のレスリングで優勝したときに報じられた写真
関連資料D　井上選手のオリンピックの写真
関連資料E　井上選手が宮日スポーツ賞を受賞したときの写真

メイン資料をクリアフォルダに入れることで、このように発展していくのである。以上のことを図解すると次のようになる。

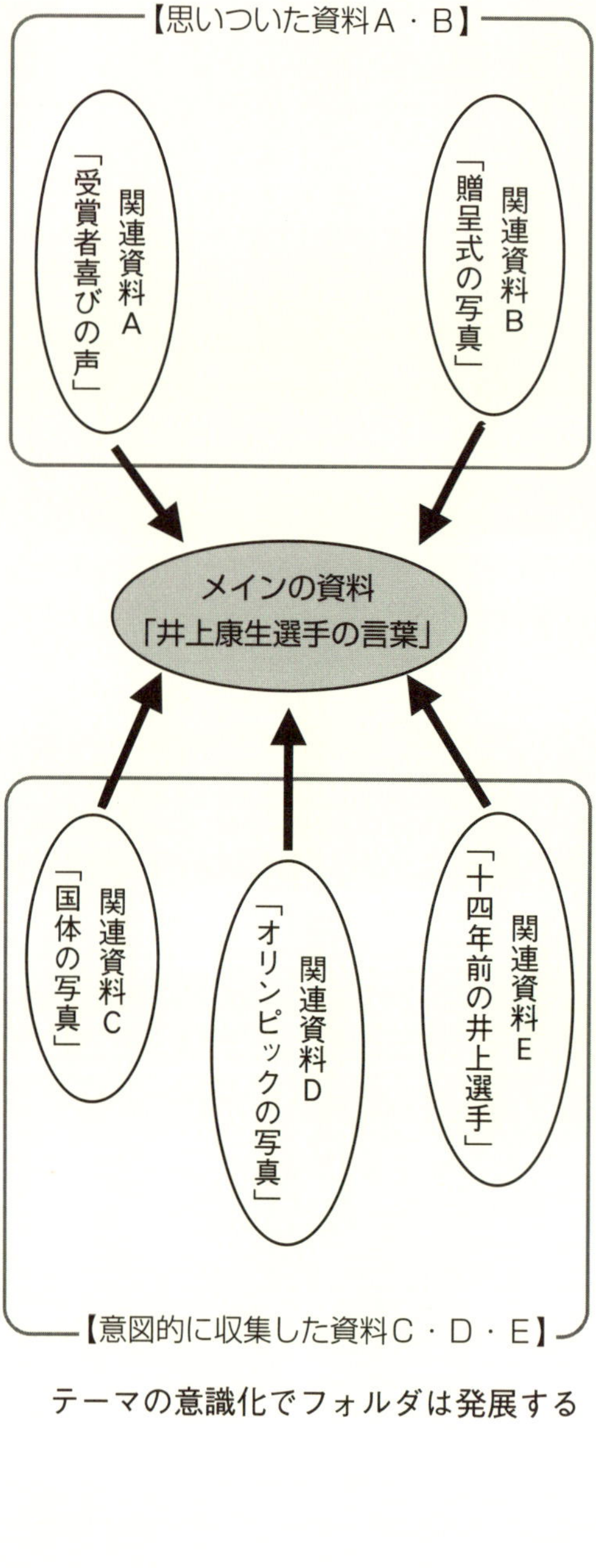


テーマの意識化でフォルダは発展する

上達の技法

## ❻ テーマを意識化するフォルダをつくれ。

① メインとなる資料を決めよう。

② 関連資料を集めよう。

## 3 資料を精選する

### ◆資料を抽出する視点

関連資料フォルダが充実してきたら、次は、資料（この場合の資料は教材にかなり近いものを指す）を抽出する段階に入る。

授業で活用できそうな資料をすべて抽出するのである。

抽出するときには、抽出する視点が大切になってくる。

抽出するときの主な視点としては、次のようなものがある。

A　写真
B　図
C　データ
D　イラスト
E　言葉
F　その他

新聞記事などをそのまま印刷して配付している授業を見かけることがある。そうすることが効果的な場合もあるだろうが、多くは失敗している。

## 情報が多すぎて、授業の視点が定まらない

のである。

写真一枚でもかなりの情報を含んでいる。これに見出しや記事や図などが加わったら、一度には処理しきれない。子どもにとっても、興味をもつ部分がバラバラであり、発問や指示をされても、それ以外のことに注意が向いていたりする。

講座などでも、情報の多い資料を配ると、講師の話そっちのけで自分の読みたい資料を読んでいたりする人を見かける。教師ですら多くの情報を与えられると今考えるべきことに集中できないのであるから、子どもはなおさらである。

だから、必要最小限の資料に細分化しておく必要がある。

その視点が先に挙げたＡ～Ｆの六点なのである。

## ◆資料はできるだけ多く抽出する

七十三ページのフォルダ4を例に、集めた資料の中から抽出してみよう。

『宮崎日日新聞』(二〇〇七年三月五日付)のコラムには、津曲氏の次のような言葉が紹介されている。

「商売の原理、原則は『ありがとう』の態度を体で示すこと。ありがとう精神があれば戦略は必要ない。魂を込め、心から愛を込めればお客は来てくれる。おカネも追いかけてくる」

「修業もただ技術を覚えるためではない。その技術が人のためになることが大事」

これらの言葉から、インパクトのある言葉を資料として抽出する。

**資料①　言葉　「ありがとう精神があれば戦略は必要ない。」**

すごい言葉である。企業＝戦略というイメージが強い時代に、こんな言葉で経営をしている人がいるのである。

もう一つの言葉も胸に突き刺さる。

**資料②　言葉　「技術が人のためになることが大事」**

教師修業にもそっくり当てはまる。何のための教師修業なのかわからなくなっている教師を見かけることがある。その技術は子どものためなのである。子どものためになっているのかが基準でなければならないはずなのに、そうなっていない。そのことに気づいていないのである。

このような言葉を知ると、津曲氏はどのような人物なのか、顔を見たくなる。そこでインターネットで「ケーキハウス　ツマガリ」のホームページを検索してみる。すると次のような写真が手に入る。

**資料③**　写真　津曲氏の顔
**資料④**　写真　紅玉パイ
**資料⑤**　写真　ケーキハウス　ツマガリ

さらに次のような情報も得ることができる。

資料⑥　言葉　「僕は、拡大じゃなく成長する。」
資料⑦　言葉　『俺の菓子が最高や』と思ったこともない。そう思ったとたんに成長は止まると思う。」
資料⑧　データ　二〇〇四年度の売り上げは十八億五〇〇〇万円

津曲氏は、私が勤務している市の出身なのだが、職場の同僚に尋ねてみると、昨年中学校の立志式で講演会を開催したことがわかった。そして、そのときのエピソードも聞くことができた。このエピソードも資料の一つとして加わる。

以上のようにして、授業で使えそうな資料をすべて抽出していくのである。最初からこれを使おうなどと限定しない方がよい。いくつもの資料を抽出しておくことによって、授業プランを柔軟に考えることができるからである。

このような作業によって思考が刺激され、授業プランが少しずつ姿を現し始める。

## ◆使う資料を決める

できるだけ多くの資料を抽出したら、次の段階に入る。

授業で使う資料を決める

のである。

そのためには、授業プランがおぼろげながらでも浮かんでいなければならない。

私の場合は、資料の抽出と授業プランがほぼ同時進行という感じである。

次の図のようなイメージである。

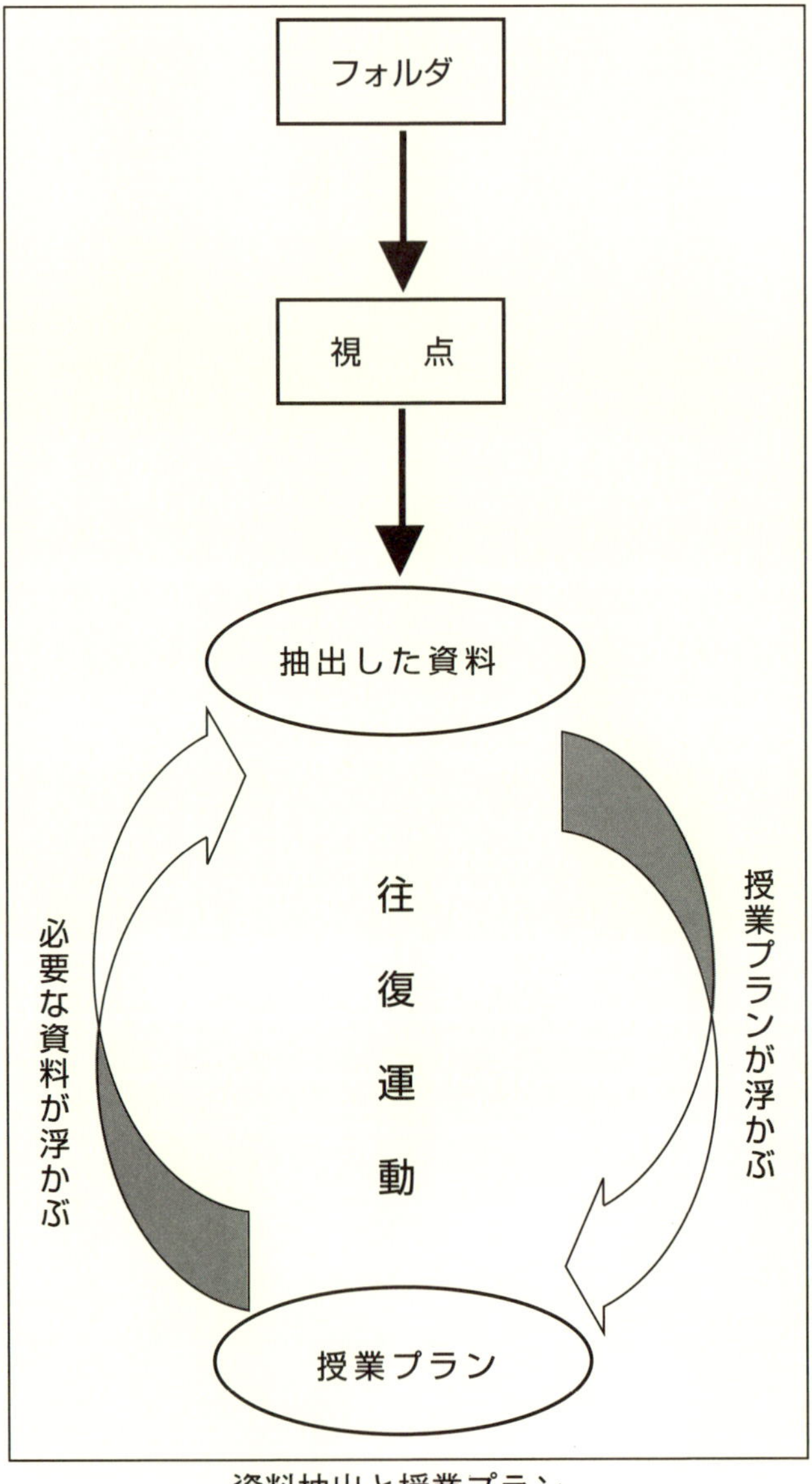


資料抽出と授業プラン

「資料を抽出しながら、授業プランが浮かび、授業プランを考えながら、必要な資料が浮かぶ」という往復運動が始まるのである。

こうして出来上がったのが、次の授業プランである。

**授業プラン**

① おいしそうな「紅玉パイ」の写真（資料④）を示す。
② 「ケーキハウス　ツマガリ」の写真（資料⑤）と津曲氏の写真（資料③）を示す。
③ 津曲氏の会社の成長データ（資料⑧）を示す。
④ 十七才でお菓子作りの道に入った津曲氏が成功した原因を話し合う。
⑤ 「僕は、拡大じゃなく成長する。」という言葉（資料⑥）を知らせる。
⑥ **発問** 拡大と成長はどう違いますか。
⑦ 「『俺の菓子が最高や』と思ったこともない。そう思ったとたんに成長は止まると思う。」という言葉（資料⑦）を知らせ、成長の意味をもう一度考えさせる。

授業の組み立てを見ると、大きく二つにまとめられることがわかる。

A　津曲氏についてのイメージをもたせる段階→情報を与える段階（①～③）
B　津曲氏の生き方について考えさせる段階　→ねらいに迫る段階（④～⑦）

これが、使う資料を決めるときの一つの視点になる。抽出した資料をバラバラに見るのではなく、ある視点で分類するのである。

先に挙げた八つの資料を分類すると次のようになる。

A　情報を与える段階の資料……資料③、資料④、資料⑤、資料⑧
B　ねらいに迫る段階の資料……資料①、資料②、資料⑥　資料⑦

まず考えるべきは、「授業のねらいとして一番重要な内容はどれか」ということである。今回、最も重視したのは、「拡大と成長」というキーワードである。そこで、選択した資料が、A……資料③、資料④、資料⑤、資料⑧、B……資料⑥、資料⑦である。「ありがとう精神」を重視した展開も考えられるが、その場合は、B……資料①、資料②となるだろう。

使える資料を決めるための手順を整理しておこう。

手順1　授業プランを構想しながら資料を俯瞰する。
手順2　授業の段階に応じて資料を分類する。
手順3　ねらいに応じた資料を選択する。

## ◆足りない資料を補充する

授業プランを構想しながら使う資料を決めていく作業をしていくうちに、感じることがある。

足りない資料がある

ということである。

どのような場合に、「足りない資料がある」と感じるのだろうか。

① このままでは、子どもたちに対してインパクトが弱い
② 授業プランを完成させるには、資料が物足りない

などという場合である。まず考えなければならないのは、「なぜインパクトが弱いと感じるのか」「なぜ資料が物足りないと感じるのか」ということである。要因がわかれば手を打つことができるからである。この点を十分検討することが必要である。

例えば、**資料⑧**の成長データは、二〇〇四年度のデータのみである。これを検討すると、次のような考えが浮かんでくる。

「他の同じような洋菓子店と比較した場合、この数字はどのレベルなのか」

「創業時からどのように成長してきたのか」

成長をより印象づけるためには、より客観的なデータが必要なのではないかということに気づいてくるのである。そうなると、足りない資料として、「他社との比較データ」「創業時からの成長データ」などが見えてくる。

**資料④**の紅玉パイはどうだろうか。

検討してみると、これもよりインパクトを与えるためには、「実物があった方がいいのではないか」「試食させてみてはどうだろうか」などという考えが出てくる。

調べてみると、ネット販売していることがわかり、取り寄せてみようかということになる。実物を使えるということになれば、授業プランのどこでどのように使えばより効果的かというアイデアが浮かんでくる。

資料⑥、資料⑦を検討する。授業のねらいに関わる最も重要な資料である。この言葉をメインにするだけでも、それなりにインパクトはあるだろう。しかし、さらにインパクトを強めることはできないものかと考える。すると浮かんでくるのは、「津曲氏からの手紙をもらうことはできないだろうか」というアイデアである。

これが実現するかどうかは別として、「自分の出身地の子どもたちに向けてメッセージを送ってもらい、それを授業の最後に位置づけたらどうだろうか」というように授業プランが発展してくる。

以上のように、資料を検討していくことで、「足りない資料」を補足していくことができるのである。このような検討をしないまま授業をすると、薄っぺらな授業になってしまい、せっかくの資料が活きてこない。

必ずしも「足りない資料」があるというわけではないが、検討しておくことで授業は確実に充実する。

## 上達の技法❼ 資料を抽出し、精選せよ。

① 視点をもとに資料を抽出しよう。
② 足りない資料を補充しよう。

## 4 教材化する

### ◆素材から教材へ

抽出した資料は、まだ素材の段階である。料理を作るために仕入れた材料から、どれを使うかを決めた段階である。授業を構成するためには、選んだ素材を教材化しなければならない。教材化するためには、例えば次のような検討が必要となる。

> ① キーワードとなる言葉をそのまま示すのか。
> ② 写真はどのように提示するのか。
> ③ 記事などの文章資料は編集し直すのか。
> ④ 数値はグラフ化した方がいいのか。
> ⑤ 実物とどのように出会わせるのか。

検討内容を見てわかるように、教材化する場合には、授業構想との関連が深くなる。授業でどのような効果をねらってその教材を使うのかによって、示し方が違ってくるからである。

### ◆写真を教材化する

授業で効果を発揮する教材の一つに視覚に訴える資料がある。視覚に訴える資料で特に活用するのが写真である。写真を見せる場合には次のような手法がある。

①　全体を見せる。　②　一部を隠す。
③　一部だけ見せる。　④　比較して提示する。
⑤　ズームアップする。

前節で示した津曲氏を取り上げた授業構想では、最初に「紅玉パイ」を提示している。これは「紅玉パイ」全体をいきなり見せている。

おいしそうな「紅玉パイ」の全体像を提示した方が子どもたちを引きつける力があると考えたからである。このように

全体を見せることによって、子どもたちの意識をしっかりつかむ……効果1

のである。井上康生選手を取り上げた授業では、導入部分で次のような構想を考えている。

**授業の導入**

①　宮日スポーツ賞贈呈式の写真を示す（横断幕をカットしたもの）。
②　①の写真に横断幕を付け加える。
③　発問　十四年前にこの賞を受賞した中学三年生の少年がいました。誰だと思いますか。

ここでは、写真の一部を隠す手法を使っている。次のような効果をねらっているからである。

隠した部分を強調して印象づける……効果2

ある研修会で行った模擬授業では、「緊急食料支援センターの母と子」という写真を使った。「世界報道写真展2006」の大賞作品である

このときは、まず母親の口元に伸びた赤ちゃんの手だけを示した。一部だけを見せたのである。この写真だけを見たら、どう見ても赤ちゃんには見えない。模擬授業を受けた先生方も「お年寄りの手だ」「苦労しているような感じがする」などという感想を発表している。このように意外性のある写真は、

一部だけを見せることでインパクトを与える……効果3

ことができる。授業では、この後、日本の赤ちゃんの手と比較させた。こうすることにより、

「同じ年頃の赤ちゃんの手なのに、どうしてこんなに違いがあるのだろう」

という疑問が出てくる。

比較させることにより、思考を刺激する……効果4

のである。

※Photo：ロイター／アフロ

「緊急食料支援センターの母と子」の写真

次の写真は、「ゴミには人柄が表れる」という授業をしたときに使ったものである。

写真1

写真2

まず写真1を見せて「何か気づいたことはありませんか」と問いかける。子どもたちは一生懸命に何かを見つけようとするが、なかなかわからない。そこで、ズームアップした写真2を見せる。そこでゴミが捨てられていることに気づく。

もう一枚同じように見せると、今度も何かゴミが落ちているのではないかという予想をするようになる。ズームアップすることによって、

問題点を意識させる……効果5

このように授業のねらいに応じて、さまざまな手法を工夫することで素材が教材となっていくことができるのである。

### ◆言葉を教材化する

言葉を教材化する場合には、次の三つの手法を使うことが多い。

① 言葉をそのまま示す。　② ある一部の言葉を隠して示す。
③ 二つの言葉を比較する。

**「僕は、拡大じゃなく成長する。」**

これは、津曲氏の言葉である。この言葉はそのまま示して使いたいと思う。拡大と成長の違いを考えさせたいからである。だから、この言葉を示した後、次の発問をする。

**発問** 拡大と成長はどう違いますか。

拡大と成長の違いを話し合ううちに、津曲氏のすばらしい経営理念に気づいていくだろう。このように、言葉をそのまま示す場合には、その言葉の意味をじっくり考えさせることで心に響かせたい。

井上康生選手の次の言葉の場合はどうだろうか。

**「初心を忘れず、いまに満足せず」**

これは次のように提示したい。

| |
|---|
| 初心を忘れず、いまに〇〇せず |

「初心を忘れず」は常識的な言葉であり、当然である。ところが、次の「いまに満足せず」は心にグッと迫ってくる。オリンピックで金メダルをとった井上康生選手の言葉だからこそではあるが、世界一になっても「いまに満足せず」なのである。

この言葉をこそ子どもたちに印象づけたい。だから隠して提示するのである。

自分であれこれ予想した後に「満足」という言葉を知ったとき、それが子どもたちの心にしっかり残る。井上康生選手の言葉の後に、二〇〇六年度の宮日スポーツ賞を受賞した江藤選手の言葉を示す。

「**自分の力はまだまだ。おごることなく、1から始めたいと思います。**」

この二つの言葉を比較させる。

**発問** 二つの言葉を比べて気づいたことはありませんか。

同じことを言っていることに気づくだろう。一流の選手は謙虚であり、努力を惜しまない姿勢をもっていることが印象に残るだろう。

三つの手法で言葉が教材化されるのである。

### ◆教材をプレゼンする

写真や言葉を教材化する場合、最終的にはプレゼンテーションソフトを使ってスライドを作成することが多い。

見せたい部分を効果的に提示することができるからである。

| |
|---|
| プレゼンテーションは、教材化の集大成 |

と言える。

この写真は、町中でたまたま見かけた光景であるが、この写真を教材化すると、A〜Cのスライドが出来上がる。

元の写真

Ⓑ

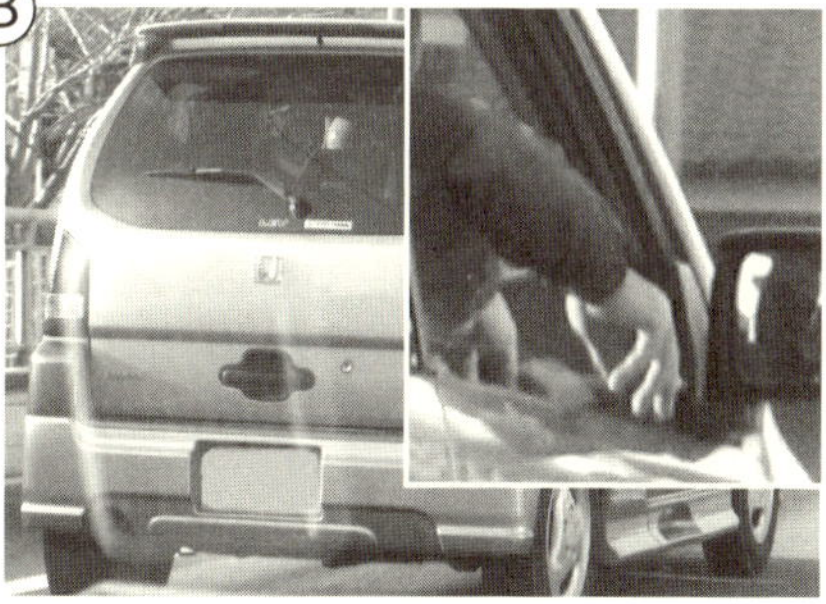

Ⓐ

Ⓒ

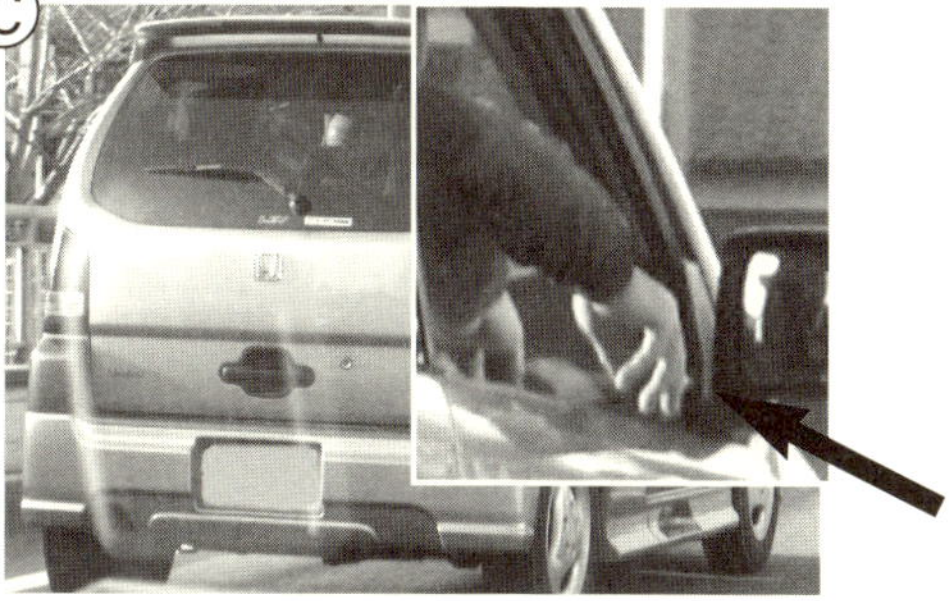

Ⓐ……走っている車の写真を示す。

Ⓑ……手の部分をズームアップする。

Ⓒ……ズームアップした指先のタバコを矢印で示す。

このスライドを使って、授業の導入を構想すると、次のようになる。

**授業の導入**

走っている車の写真を提示する（A）。

**発問** なぜこれを写したのでしょうか。

一部をズームアップして写した理由をさらに考えさせる（B）。

指先のタバコを矢印で示して着目させる（C）。

この写真に、宮崎市がゴミのポイ捨てや路上喫煙を規制する条例案を報じた新聞記事（『宮崎日日新聞』二〇〇七年二月二十日付）を組み合わせていくと、一時間の授業が構成されていく。「ポイ捨て路上喫煙ダメ」という記事の見出しなどをスライドにして写真と組み合わせていくのである。

こうして教材化の集大成である授業用のプレゼンテーションが完成していく。

## ◆読み物資料をつくる

読み物資料には、次のような良さがある。

① じっくりと何度でも読むことができる。
② 考えたい部分について見直すことができる。
③ 印刷するだけで簡単に授業ができる。

④　授業後も読んで考えることができる。
⑤　家庭で一緒に読んで家族で話し合うことができる。

このような良さを活かしたい資料の場合に、読み物資料を作るのである。

**「障害乗り越え挑戦の人生」**

こういう見出しの記事が目についた（朝日新聞一九九九年十一月二十二日付）。

ここで取り上げられている蛯原さんは、両手が不自由であるにもかかわらず、百メートル走全国三位、写真コンテスト金賞二回、この他、書道にも挑戦しているという。

蛯原さんの生き方を読み物資料にして、授業後でも子どもたちが何度でも読めるようにしたいと思った。そこで、記事の内容をもとに、読み物資料をつくることにした。

読み物資料を作るときの段階は次の五つである。

第一段階　授業のねらいの明確化
第二段階　資料に入れる要素の検討
第三段階　伝えたい言葉の効果的な配置
第四段階　補足したい資料の検討
第五段階　写真の活用

授業のねらいが明確になっていないと、余計な情報が盛り込まれすぎて、焦点がぼけた内容になってしまう。授業で考えさせたい内容は何なのか。十分検討することが読み物資料作りの第一段階である。
ねらいが明確になったら、素材に含まれている要素を検討する。新聞記事には、

| |
|---|
| ① 蛯原さんの腕の状態<br>② 意識を変えることになったエピソード<br>③ 挑戦したこと<br>④ 好きな言葉<br>⑤ これからの抱負<br>⑥ 蛯原さんの写真 |

など、多くの要素が含まれており、その中から授業のねらいに合わせて、どれを読み物資料に盛り込むかを検討していく。これが第二段階である。真剣に生きている人の言葉は心に響く。この言葉を読み物資料のどこにどのように位置づけるかに成否がかかっていると言ってもよい。

記事には、蛯原さんの好きな言葉が紹介されていた。

**「踏まれた草にも花が咲く」**

これである。「踏まれてもたくましく生きる」というような言葉はよく聞くが、「踏まれた草にも花が咲く」である。実にいい言葉であり、蛯原さんを支えてきた言葉なのだろうと感じた。

この言葉を読み物資料にどう位置づけるかを検討するのが第三段階である。読み物資料を作成していくうちに、こんな資料があるともっとすばらしい内容になるということが見えてくる。

この資料では実現しなかったが、蛯原さんからの直筆の手紙やコメントがあったら、よりインパクトのある資料になったのではないかと思う。

読み物資料を充実させるための資料を補足することが第四段階である。読み物資料にも、視覚に訴える資料があった方が、子どもの理解を深めたり、内容をより印象づけたりすることができる。

視覚に訴える資料として最も効果的なのが、写真である。そこで、この資料では、記事に付けられていた蛯原さんの写真を入れることにした。腕のない状況がどのようなものなのか、視覚的にとらえることができるからである。必要に応じて、地図やイラストを入れたり、補足するための写真を入れたりすることもある。

以上のように写真を中心とする視覚に訴える資料を読み物資料に活用することが第五段階である。

このような作業をもとに出来上がったのが、九十八〜九十九ページに示す読み物資料である。

## 上達の技法 ❽ 素材を教材化して、大きな効果を引き出せ。

① 写真や言葉の効果を最大限に引き出す教材化を工夫しよう。
② 教材化の集大成としてのプレゼンテーション資料を作ろう。
③ ねらいを明確にして読み物資料を作ろう。

読み物資料

## 挑戦する人生

日南市に住む蛯原さんは、十八才のとき、仕事中に高圧線にさわってしまい、右ひじから先と、左手首から先をなくしてしまいました。

選挙に初めて行ったとき、投票する人の名前を他の人にたのんで書いてもらいました。そのとき、まわりの人たちから冷たい目で見られました。蛯原さんは、そのとき

「これからは自分で書く」

と決心しました。そして両手でえんぴつをはさみ、練習を積み重ねました。その結果、次の選挙のときには自分で投票することができました。

五年間ほど努力しているうちにだんだん自信がついてきた蛯原さんは、三十才前には、山口県などに住む障害のある人と文通（手紙のやりとり）をするようになりました。長い手紙も書けるようになってきたのです。

蛯原さんの挑戦はこれだけではありませんでした。今度はスポーツにも挑戦し始めました。

四十六才のときには、全国障害者スポーツ大会の百メートル走で三位になりました。

五十一才のときには運転免許もとりました。

自動車を運転できるようになったことで新しい挑戦が始まりました。となりの町の北郷町まででかけていって、書道を習い始めたのです。さらに写真にも挑戦し、作品を毎年障害者のコンテストに出すほどになりました。そして二度も金賞をとりました。

蛯原さんの好きな言葉は

**「踏まれた草にも花が咲く」**

です。

「苦境（苦しいこととやつらいこと）にあっても、いつか花が咲く。『やれば、出来る』と信じ、今の自分をどう生かすか、を考えなきゃあ」と話す蛯原さんの挑戦はこれからも続いていきます。

（『朝日新聞』一九九九年十一月二十二日付記事より）

※写真提供：朝日新聞社

# 第四章　授業構成の技法

質の高い授業では、インパクトのある演出が工夫されている。さらにどの子どもも精一杯の思考を働かせて授業に参加している。このような授業を創り出すための授業構成の技法を示す。

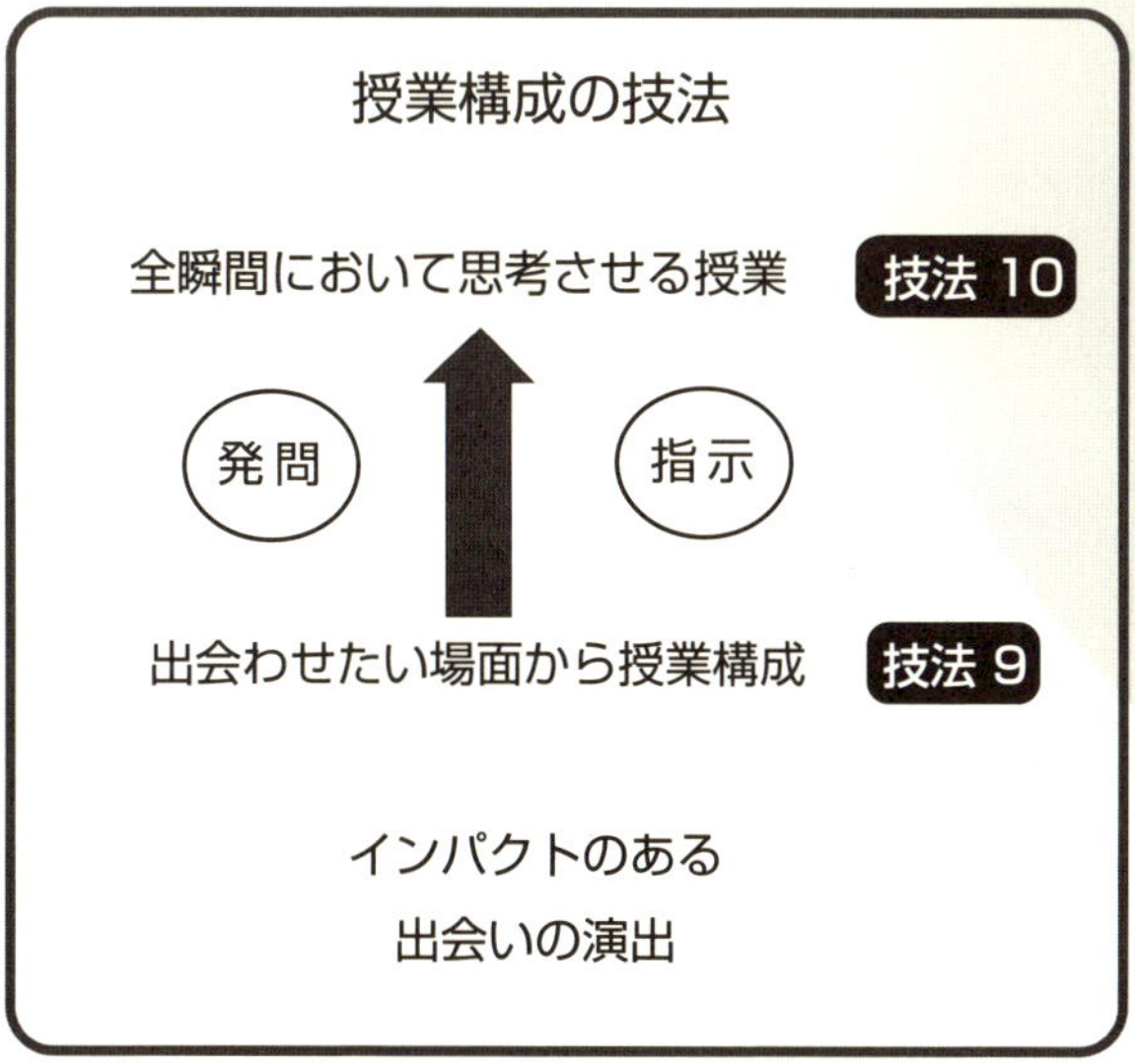

## 1　出会いを演出する

### ◆ズレを感じさせる

授業を構成する最大の技法は、ねらいとする内容との出会いをどのように演出するかということである。同じ内容でも、出会わせ方によって、子どもの受け止め方がまったく違ったものになるからである。

第一章で示した次の言葉で考えてみよう。

「平凡から抜け出すには失敗してみるしかない」

この言葉をそのまま示して、「なぜ失敗なのか」と問いかける方法もある。しかし、それでは、子どもたちの心にこの言葉が強く響かない。自分で考えるという行為がないままに言葉を全部示しているからである。

普通に考えれば「努力」「練習」という言葉を思い浮かべるだろう。ところが、「失敗」という言葉が入ることを知ったとき、子どもたちは、その意外性からインパクトを受け、自然と「なぜ失敗なのか」を考え始めるだろう。

だからこの授業では、「失敗」という言葉にどのように出会わせるかが大きな技法となる。そこでまず、「平凡」という言葉の意味を明確にとらえさせるところから導入することにした。

「平凡」の意味を知った子どもたちは、「平凡」に対してあまりよいイメージを持たないだろう。それ

をさらに強調するために、

**発問** 平凡な人になりたい人？

とあえて発問する。当然「平凡な人にはなりたくない」という反応が多いだろう。このように「平凡」に対するイメージを十分にふくらませたところで、バレンタイン監督の言葉を示すのである。

> 平凡から抜け出すには○○してみるしかない

「失敗」という言葉は抜いてある。

**発問** ○○には何が入るでしょうか。漢字二文字です。

子どもたちは、「特にすぐれたところのない人」から抜け出すためには、「努力」「練習」などという言葉を思い浮かべるだろう。

ここでは自分の考えをノートに書かせることが重要である。バレンタイン監督の言葉と自分の考えた言葉とのズレが子どもたちに強いインパクトを与えるからである。

こうして、「失敗」という言葉と出会った子どもたちは、失敗することの大切さを感じるのである。

> 自分の意識とのズレを感じさせる出会いを演出する。

ズレが大きいほどインパクトも大きくなる。

これが授業構成の一つの技法である。

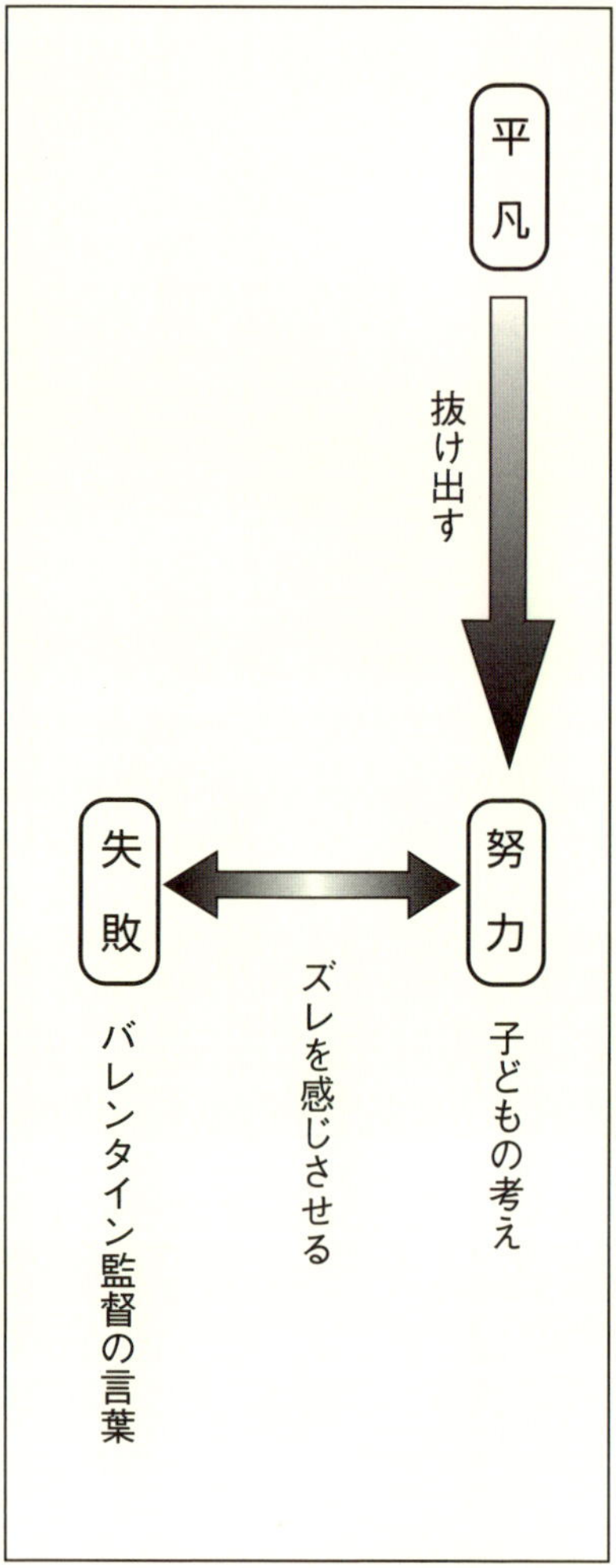


ズレを感じさせる出会いで
インパクトを与える

## ◆意表をつく

第三章の2（七十一ページ）で示した「母の手作り金メダル」は、上村選手がお母さん手作りの大きな金メダルをうれしそうに持っている写真とどのように出会わせるかがポイントであると考えた。

そこで写真との出会いを次のように演出した。

① トリノ冬季五輪の結果が五位であったことを知らせる。
② 発問 メダルはもらえましたか。
③ 「ところがもらえたのです」と言って驚かせる。
④ 手作りの金メダルをもらっている上村選手の写真を示す。

五位だったのだからメダルをもらえるはずがないと子どもたちは考える。

そこで「もらえたのです」と言って驚かせる。そして「どうしてメダルをもらえたのだろう」「どんなメダルだろう」という疑問がわいてくる。

この後、手作りの金メダルをもらっている上村選手の写真と出会い、意表をつかれるのである。

**意表をつく出会いを演出する。**

これも授業構成の技法の一つとなる。

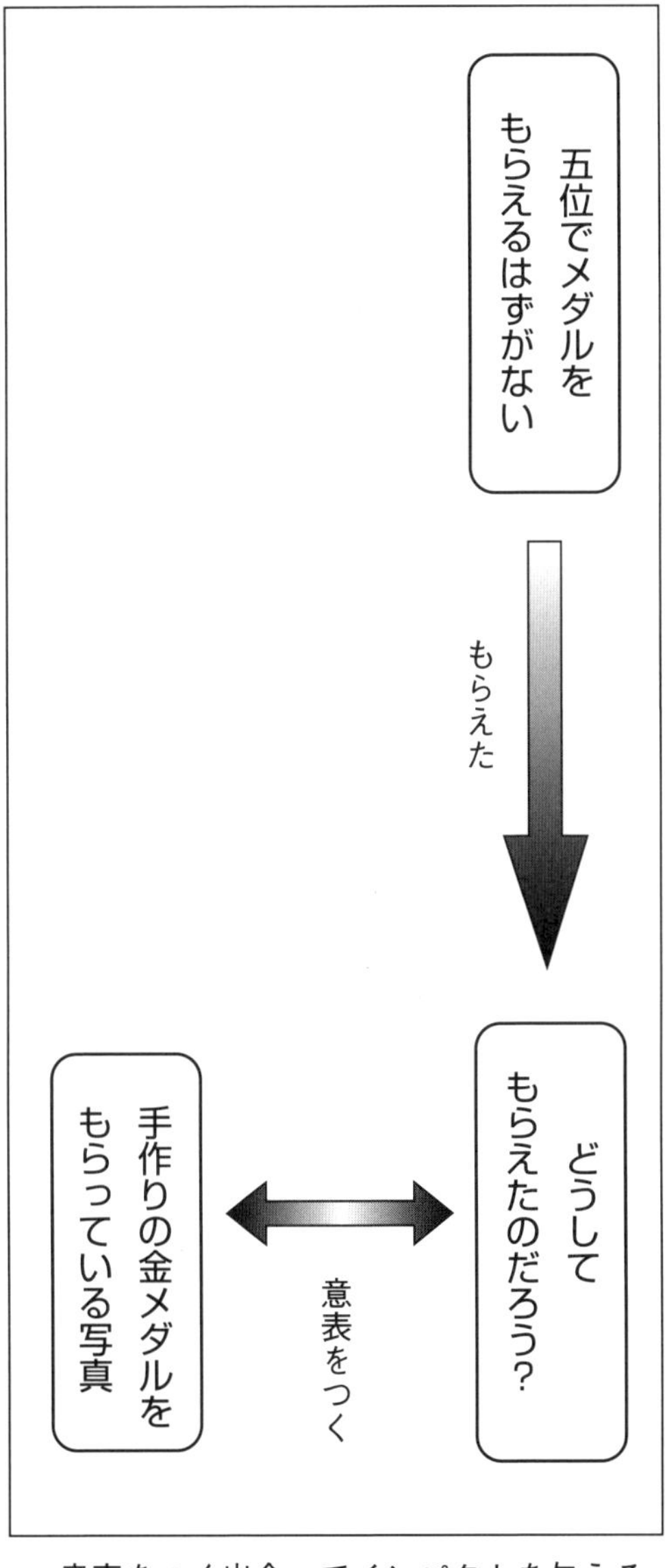
五位でメダルを
もらえるはずがない
もらえた
どうして
もらえたのだろう?
意表をつく
手作りの金メダルを
もらっている写真

意表をつく出会いでインパクトを与える

## ◆比較する

第三章の4で、「比較することによって言葉を教材化する」と述べた。これも出会いの演出の一つである。

**「僕は、拡大じゃなく成長する。」**

この言葉をこのまま示しただけでは、子どもたちはまだ本当に出会ったとは言えない。言葉の意味について真剣に考えようとしていないからである。そこで発問する。

発問 拡大と成長はどう違いますか。

このように問われて「拡大」と「成長」の意味を真剣に考え始めるのである。井上康生選手の次の言葉もそうである。

**「初心を忘れず、いまに満足せず」**

この言葉だけでも心に響くのだが、さらにインパクトを高めるために、高校生の江藤君の言葉を示す。

**「自分の力はまだまだ。おごることなく、1から始めたいと思います。」**

そして発問するのである。

発問 二つの言葉を比べて気づいたことはありませんか。

十四年の時を超えて、同じ意味のことを言っているのだということに気づいたとき、子どもたちは本当にこれらの言葉に出会ったのだと言える。

比較によって出会いを演出する。

対比や類比で、言葉に対する子どもたちの考えを深めていく。これも授業を構成する技法である。

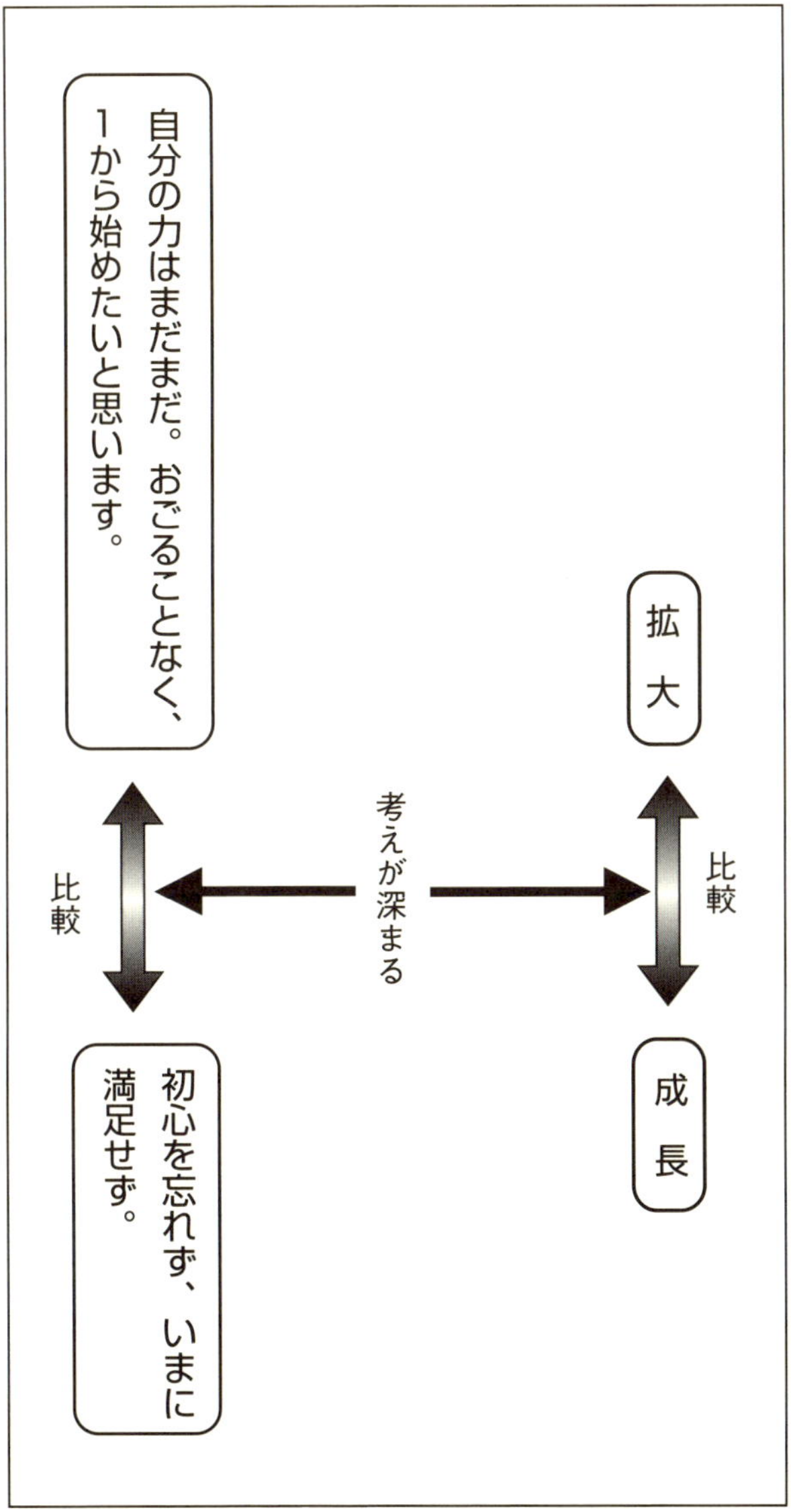
拡大
比較
成長
考えが深まる
自分の力はまだまだ。おごることなく、1から始めたいと思います。
比較
初心を忘れず、いまに満足せず。

比較によって深まりのある出会いを演出する

## ◆出会いの場面から逆算する

「ズレを感じさせる出会い」や「意表をつく出会い」、「比較による出会い」も、授業を構成するときには、出会いの場面から考え始めている。

つまり

一番出会わせたい場面はどこか

を考えているのである。

ここで示した授業で言えば、

A　「失敗」という言葉との出会い
B　「手作りの金メダル」との出会い
C　「拡大」と「成長」の比較

これが出会わせたい場面である。出会わせたい場面が決まったら、

出会いをインパクトのあるものにするにはどうすれば良いか

を考えていく。

Aであれば、「失敗」という言葉が子どもたちの考えと大きなズレが出てくるように演出しなければならない。

そこで「失敗」を空欄にして提示するという方法が決まる。空欄にして子どもたちに考えさせること

により、ズレが生まれるからである。さらに大きなズレを生むようにするには「平凡」という言葉の意味を十分押さえておいた方がいいということが見えてくる。

つまり次のように授業を構成していったことになる。

①「失敗」という言葉に出会わせたい。
②インパクトのある出会いにしたい。
③「失敗」を空欄にして提示し、入る言葉を考えさせよう。
④ズレを大きくするために、「平凡」の意味を押さえよう。

こうして次のような授業が構成される。

①ズレを大きくするために、「平凡」の意味を押さえる。
②「失敗」を空欄にして提示し、入る言葉を考えさせる。
③「失敗」という言葉に出会わせる。

授業を構成する大きな技法が見えてきた。

出会わせたい場面から逆算して授業を構成する。

これである。

## ◆子どもの意識を変えたい

何のために、出会いを演出するのだろうか。それは、

子どもの意識を変えるため

である。


「失敗を恐れないでやってみよう」

「みんな支えられて生きているんだ」

「もっともっと成長したい」


というような意識をもたせたいのである。これらの意識は、多かれ少なかれもっていることだろう。

しかし、出会いを演出することによって、より強く意識するようになる。

それが、子どもたちが生きていく上で、何らかの支えとなっていくはずである。

**上達の技法❾ 出会わせたい場面から逆算して授業を構成せよ。**

① ズレを感じさせる出会いを演出しよう。
② 意表をつく出会いを演出しよう。
③ 比較させて深まりのある出会いを演出しよう。

## 2 考えさせる授業をつくる

### ◆考えさせているか

・先生の授業は、思考の流れがスムーズで、次から次へと驚きや感動があり、授業中、他のことを全く考えることができないくらい真剣に考えることができます。
・導入から展開につながる流れも非常にスムーズで、興味を引きつけられたまま授業が展開され、常に思考が止まらない状態でした。
・自分の頭の中、心の中を目一杯活動させる授業だったと思いました。

熊本のセミナーで模擬授業を受けた方々の感想である。
「授業中、他のことを全く考えることができない」「常に思考が止まらない」「頭の中、心の中を目一杯活動させる」
学習者の思考状態を常にこのようにさせておくことが授業なのである。

「学生は、読み書き能力が低く、学習意欲も弱い。予備知識も乏しい。緊張を欠き、たるんでいる。授業中どのような学習行動をすべきかも教わっていない。ぼんやりしていて、私語、あくび、ほおづえが多い。」

（『大学授業入門』宇佐美寛著・東信堂・十一ページ）

宇佐美寛氏の指摘である。大学でさえ、このような状態なのである。

宇佐美氏は言う。

「　**全瞬間において学生に何かをさせていなければならない。そのような指示・発問をしなければならない。**

　**講義をやめて、教材資料を読ませ、そこから作った問題を解かせよう。ひんぱんに指示・発問を浴びせよう。**」

（前掲書二十ページ）

「全瞬間において学生に何かをさせていなければならない」のである。教師がこのような意識をもって授業を組み立てない限り、子どもの頭はすぐたるんでしまう。ところが、教師の多くは、子どもが考えていない状態を平気で生み出している。しかもそのことに気づいていない。

講義とまではいかないけれども、説明的な授業が多い。説明するほど子どもが授業から離れていっていることに気づかない教師が多いのだろう。なぜこれほどまでに考えさせることが重要なのか。

算数塾を経営している宮本哲也氏は言う。

「**頭を使った分だけ賢くなるのです。**」

（『強育論』宮本哲也著・ディスカヴァー・トゥエンティワン・百二十一ページ）

同感である。

授業をとおして子どもの頭を賢くするのが教師の役目なのである。説明しないで考えさせる授業を工夫しなければならない。

## ◆資料提示で考えさせる

写真を教材として使うことが多い。感想を紹介した模擬授業でも授業開始と同時に一枚の写真を示した。しわだらけの手の写真である。手を見て感じたことを次々に発表してもらった。「苦労している人の手だと思う」「お年寄りの手ではないか」「病気の人の手かもしれない」などという意見が出される。

この写真と並べてもう一枚提示した。赤ちゃんの手の写真である。そして言った。

「両方とも同じ年齢の人の手です」

驚きが広がった。予想を完全に覆されたからである。

「どういうことなんだろう」

疑問が浮かび、思考が始まる。

・授業を受けていると、いつも何かショッキングな事実を目にすることができる。「どうなるんだろう?」と思う。鈴木先生の授業の中にはいつもそういう要素が含まれていて心に残るものになると思いました。

・二枚の写真の比較はあまりにも予想外で「この授業は何なんだろう?」と興味をもちました。

授業を受けた方の感想である。

私のしたことは、一枚目の写真を提示して感想を言わせた後、二枚目の写真を並べて提示し、短いコメントを加えただけである。

これだけで思考が活性化する。

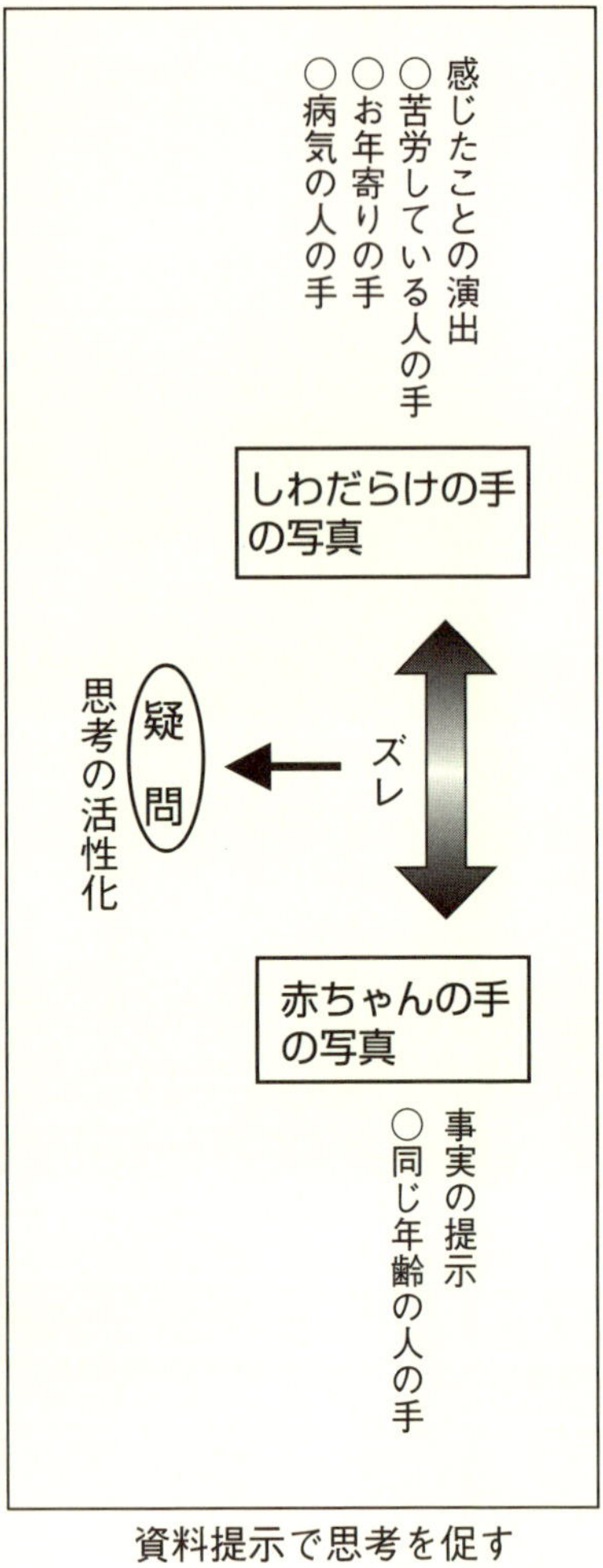


資料提示で思考を促す

ここで活用したのは、第四章の1で述べた「比較する」手法である。授業の後半で写真を示す場合には、無言で何枚か見せていくこともある。この模擬授業の場合も、後半で「宴席の写真」「台所の写真」「お昼ご飯の写真」「給食の写真」の四枚を黙って示していった。

・「手が訴えかけるもの」の映像を見ていてなんだかジーンとしました。言葉ではなく、映像の使い方で、思考、心がゆさぶられることがわかりました。

感想からもわかるように、授業前半での情報の蓄積の上に、黙って写真を提示していくことによって言葉は何もなくても「思考、心がゆさぶられる」のである。

重要な点は、授業の前半で思考が十分促され、効果的な情報の蓄積が行われていることである。思考が活性化しているからこそ、無言の写真が威力を発揮する。

## ◆「小刻みなノート作業」を促す指示をする

若いころ、野口芳宏氏の主張を知ってから授業が変わった。それが、

### 小刻みなノート作業

である。

野口氏は言う。

「限られた子供だけでなく、なるべくたくさんの子どもたちを学習に参加させるために最も適した方法、それがノート作業である。「ノートに書け」と指示すれば、全員が個々の作業にとりかかれることになるからである。

ノートをとる、ノートに書く、ということは、行動そのものであるから傍観してはいられない。いきおい真剣に学習に取り組まざるを得なくなる。真剣に学習に取り組むということは非常に重要なことであって、こういう事態に子どもを追い込むチャンスが多くあればあるほど、それはよい授業なのである。」

（野口芳宏著作集『鍛える国語教室2』野口芳宏著・明治図書・百二十六ページ）

誰でもすぐ授業に取り入れることができるすぐれた方法であるにもかかわらず、授業の常識になっていない。このような方法を全く知らないのではないかと思われる教師が多い。重要なのは「小刻みに作業させる」ということである。

小刻みなノート作業とは、例えば「○か×を書きなさい」という程度の内容である。あるいは「三人が発表するから、自分の意見と一番近いと思う人の名前を書きなさい」という程度の内容である。

ところが、ノート作業というとかなりの時間を割いている授業をよく見かける。

しかもその実態を観察すると、ボーッとしている子どもや何をしていいかわからない子ども、早々と書き上げて退屈している子どもなどが目につき、たるんだ時間帯となっている。

その点、小刻みなノート指導であれば、誰でも参加でき、その上、作業の後は、教師による確認があるため、書かずに済ませることはできない。しかも時間が短いために緊張がゆるまない。

だから、道徳の授業でも「小刻みなノート作業」をよく活用する。

先に示した模擬授業でも、食卓の写真を示して発問した。

**発問** 食事の前ですか、後ですか。

この発問とセットで、次の指示をする。

**指示** 「前」か「後」かを書きなさい。

「前」か「後」かを書くだけであるから、誰でも書ける。書けていない子がいないかどうかを確認した後、「前」か「後」かに挙手させる。

これだけのことで全員が授業に参加するのである。

自分の考えを書くときに思考が促されるし、どちらかに挙手するときにも思考が促される。自分と他の人の考え方は同じなのか違うのか、興味がわくからである。

考えさせる授業を創るためには、

「小刻みなノート作業」を促す指示

が重要である。

## ◆考えを明確にする発問をする

授業のポイントとなる場面では、子ども全員の考えを明確に表明させたい。

そのためには、次のような発問が有効である。

① 選択させる発問
② 比較させる発問
③ 予想させる発問

選択させる発問のパターンには二つある。

一つは、

A or B

というパターンの発問である。「A or B or C or……」という場合もある。複数の選択肢を示して選択させる発問である。「食事の前ですか、後ですか」という発問は、選択させる発問である。おにぎりを二個見せて、「どちらを買いますか」という発問をしたこともある。これも選択させる発問である。

もう一つは、

## A or 非A

というパターンである。

人材育成コンサルタント・辛淑玉氏の小学生のときの体験を扱った授業で次の発問を考えた。

**発問** 正しいことを言っても損をするのならば、正直ではない方がいいのでしょうか。

「夏の思い出」の作詞をした詩人の江間章子さんを扱った授業では、

**発問** 江間さんは、「夏の思い出」を作らない方がよかったのでしょうか。

という発問をした。

「正直ではない方がいいのか、正直であるべきなのか」「作らない方がよかったのか、作った方がよかったのか」のどちらかを選択することになる。

比較させる発問にも二つのパターンがある。

**発問** A 拡大と成長はどう違いますか。

「拡大」と「成長」を比較させる発問である。

**「初心を忘れず、いまに満足せず」**

**「自分の力はまだまだ。おごることなく、1から始めたいと思います」**

この二つの言葉を示した後、次の発問をする。

**発問** B 二つの言葉を比べて気づいたことはありませんか。

AとBはどう違うだろうか。Aは対比、Bは類比である。何を比較させることが授業のねらいに迫ることになるのかを検討し、対比や類比で比較させる発問を作るのである。

予想させる発問は、子どもたちの予想を大きく覆すことによってインパクトを与えたい時に活用する。

冒頭でバレンタイン監督の言葉を示した。

**「平凡から抜け出すには失敗してみるしかない」**

授業では、「失敗」を「○○」にして言葉を提示し発問する。

**発問** ○○には何が入るでしょうか。

大半の子どもたちは「努力」「練習」などと予想する。そこで「失敗」という言葉を知ったとき、驚くのである。

次のようなパターンもある。

**「『今日はだるいな、野球行きたくねえな』みたいな日も、あるのですか？」**

（『キャッチボールICHIRO meets you』「キャッチボールICHIRO meets you」製作委員会著・ぴあ・二十五ページ）

イチロー選手にこんな質問をした人がいることを知らせて発問する。

**発問** イチロー選手はこの質問に何と答えたでしょう?

多くの子どもたちは、イチロー選手に限ってそんな日はないだろうという予想をする。行きたくない日もあるだろうと予想する子がいたとしても、「たまにはそんな日もあるはずだ」という程度だろう。ところが、イチロー選手は次のように答えている。

「**行きたくない日、いっぱいありますね。**」(前掲書二十五ページ)

これも子どもたちの予想を覆す言葉となっている。バレンタイン監督の言葉は、部分を隠して予想させている。イチロー選手の言葉は、全体を予想させている。つまり、予想させる発問にも二つのパターンがあるのである。

| |
|---|
| A　部分を予想させるパターン。 |
| B　全体を予想させるパターン。 |

以上で述べてきた発問は、いずれも子どもたちが自分の考えを明確にもちやすい。自分の考えを明確にもつと、他の子の考えとの相違が明らかになる。意見の相違が明らかになると、思考が刺激されて討論に発展する。そしてさらに考えが深められていくことになるのである。

上達の技法⑩

# 全瞬間において思考させる授業を構想せよ。

① 思考を促す教材提示をしよう。

② 「小刻みなノート作業」を促す指示をしよう。

③ 考えを明確にする発問で考えを深めさせよう。

# 第五章　授業づくりドキュメント

## ～「いただきますは必要か?」～

技法を駆使して構想した授業プラン「いただきますは必要か?」。「いただきます」の意味を食前と食後で対比して考えさせた後、自分たちの現実を提示する展開で子どもの心に迫る。

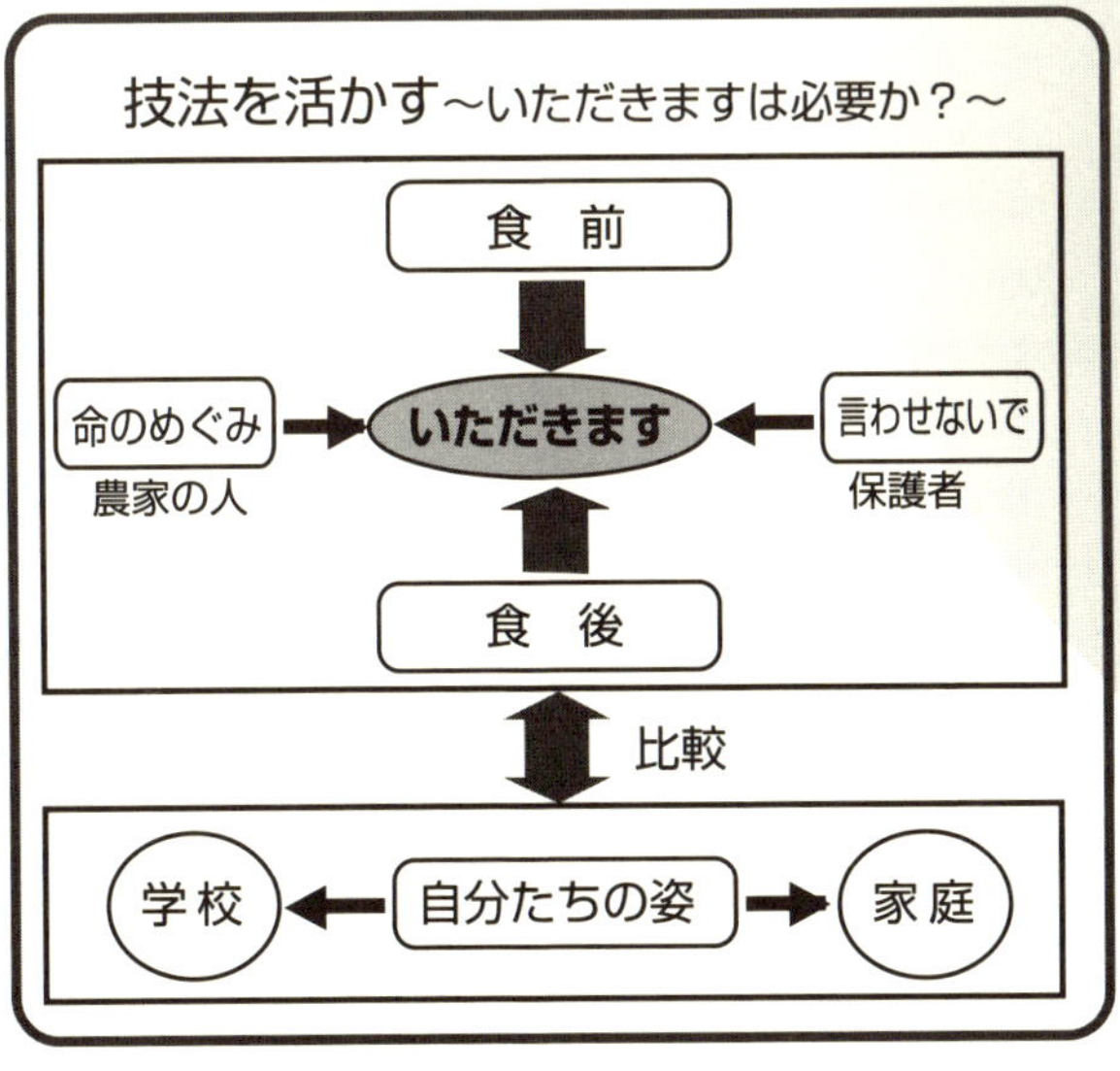

最終章では、「いただきますは必要か？」の授業づくりドキュメントを紹介する。これまで述べてきた上達の技法をどのように活用しているのかを読み取ってほしい。

## 1　授業開発フォルダを作る

新聞で永六輔氏が、ある保護者のショッキングな言葉を紹介していた。

**「《ある小学校で母親が申し入れをしました。「給食の時間に、うちの子には『いただきます』と言わせないでほしい。給食費をちゃんと払っているのだから、言わなくていいではないか」と》」**

（毎日新聞二〇〇六年一月二十一日付）

この言葉を素材に「いただきます」を考える授業を構想したいと思った。このようなちょっとした言葉が授業開発の大きなきっかけとなることが多い。当然、この記事は授業開発フォルダに入れられた。

しかし、この記事だけでは一時間の授業にはならない。ちょっとした話のネタ程度である。フォルダに入れると「いただきます」というテーマが意識化されてくる。この意識化が重要である。これによって関連する資料が目に飛び込んでくるようになる。

このときは、『AERA』二〇〇六年一月二・九日号であった。何と「給食で『いただきます』は必要ない？」という調査結果を掲載していたのである。賛成派、反対派のさまざまな声が集められている。

授業構想が少し見え始めた。

この二つの資料に関連して浮かび上がってきたのは、みやざきブランド推進本部が作成したポスター

（最近あなたは、「いただきます」をいいましたか？）である。このポスターは以前から教材化したいと考え、大事に保管していたものであった。さらに、ポスター関連のリーフレットも二種類手に入れることができた。

永六輔氏の言葉をメインに授業を開発したいと考え始めてから四つの資料が集まったのである。

① 永六輔氏の紹介した言葉（新聞記事）
② 「給食で『いただきます』は必要ない？』という調査結果（雑誌記事）
③ 最近あなたは、「いただきます」をいいましたか？（ポスター）
④ 最近あなたは、「いただきます」をいいましたか？（リーフレット）

## 2　出会いを演出する

冒頭の言葉との出会いをどのように演出するかが、大きな技法の一つとなる。そこで出会いの場面から逆算して授業を構想していく。言葉に出会わせるまでに、「いただきます」を言うのは当然のことであるはずなのに、言わない人が増えているのではないかという意識をもたせたい。

そのためには、ポスターの活用が効果的である。

最近あなたは、「いただきます」をいいましたか？

と問いかけられているということは、言わない人が多いのではないかという予想を引き出すからである。

ポスターには、「最近あなたは、『いただきます』をいいましたか？」というコピーが付けられているが、これをそのまま出さずに考えさせた方がよい。「いただきます」が印象づけられるからである。

こうして言葉に出会わせるまでの構想が具体化していった。

## 授業プラン

写真を提示して発問する。

**発問1** これは、あるポスターの写真です。何をしているところですか。

「ごはんを食べているところ」という答えがすぐ返ってくるだろう。

食事に関係する言葉が出されるだろう。

**発問2** このポスターには、ある言葉がつけてありました。どんな言葉だと思いますか。

考えが出された後、

「実は、こんな言葉です」

と言って言葉を示す。

「最近あなたは、『いただきます』をいいましたか？」

※写真提供：みやざきブランド推進本部

「この言葉に『はい』と答えられる人？」と言って現状を確認する。

ほとんどの子が挙手するだろう

発問3 どうしてこんなポスターが作られたのでしょう。

「いただきますを言わない人が増えてきたのではないか」という予想が出されるだろう。

「ある中学校では、生徒のお母さんからこんな要望が出されました」

と言って内容を知らせる。

「給食費を払っているのだから、うちの子に『いただきます』を言わせないでほしい」

## 3 深く考えさせる

生徒のお母さんからの要望に対して子どもたちはどのように考えるだろうか。まずは全員の考えを表明させたい。

そこで次の指示を入れることにした。

「『なるほどその通りだ』と思う人は○、『ちょっとおかしい』と思う人は×をつけなさい」
○か×を書くだけであるから、誰でも書ける。しかし、○か×を選ぶためには考えざるを得なくなる。
「小刻みなノート指導」で思考を促すのである。おかしいと考える子が大半だろう。×が圧倒的多数派では考えが深まらない。

どうしたらいいだろうかと悩んだ末、雑誌に掲載されている調査結果を活用することを思いついた。

言葉と出会わせた後の展開は次のようになった。

**指示1** 「なるほどその通りだ」と思う人は○、「ちょっとおかしい」と思う人は×をつけなさい。

○、×の理由も書かせる。

大半は×をつけるだろう。○の子から理由を発表させる。

×の子の理由を発表させた後、相手に意見があれば言わせる。

意見が出尽くした後、発問する。

**発問4** ある雑誌でこの問題について調査をしました。このお母さんの考えが理解できると答えた人がいたと思いますか。

いたと思えば○、いないと思えば×をつけさせ、挙手で確認した後、知らせる。

「百人のうち五人は、理解できると答えた人がいました」

**指示2** 理解できると答えた人の意見を紹介します。それに対する意見を書きなさい。

次の三つの意見を紹介したワークシートを配付し、意見を書かせる。

A　感謝の気持ちを強制されるのはおかしい。

Ｂ　声に出したかどうかは問題ではなく、心で感謝していればいい。
Ｃ　一斉に言わせたりするのではなく、それぞれの子どもに任せるべき。

Ａから順に意見を発表させていく。

意見のズレなどにより話し合いをした方が良い場合は話し合わせる。

## 4　意表をつく

実は、この授業を、熊本で行われる第一回模擬授業対決のプランとして選んだ。相手は、群馬の深澤久氏と山形の佐藤幸司氏である。すぐれた授業開発者であり実践者として知られている二人である。

プランが出来上がった時点で、家人に読んでもらった。

「終末部分があまり面白くない」という簡潔で明確なコメントが返ってきた。この一言で悩んだ。どうしたらよりよい授業プランになるのだろうか。考えた挙げ句、ポスターの第二弾を活用することを思いついた。この部分を見たとき、深澤氏は負けたと思ったという感想を述べられた。

授業プランが完成した後、誰かに見てもらうことで、さらに充実させることができるのである。

もう一度、最初のポスターの写真を提示する。

「このポスターを作った人は、次のように言っています」

と言って、次の言葉を紹介する。

*「食べ物にはすべて命があり、その命の恵みに感謝し、命をいただきますというのです」

「実は、このポスターには続きがあります。第二弾が作られているのです。それがこの写真です」

と言って、第二弾のポスターの写真を提示する。

発問5 どうしてこの写真が選ばれたのでしょう。

考えを書かせて発表させる。

「命をいただいているのに、残すということは、命を粗末にすることになる、ということを訴えかけようとしている」

というような意見が出されるだろう。意見が出されたところで、

*資料の言葉をわかりやすく言い直しています。資料には《食べ物にはすべて命があります。「いただきます」とは自然の恵みである食べ物の命を「いただきます」という感謝の言葉でもあります。》と記されています。

※写真提供：みやざきブランド推進本部

「今度の写真には、こんな言葉がつけられています」

と言って、ポスターにつけられていた言葉の一部を抜いて示す。

「　　　」を忘れていませんか?

「ごちそうさま」と予想する子が多いだろう。

そこで正解を示す。

「いただきます」

「え〜っ」と驚く子が多いだろう。しかし「あっ、そうか」という子もいると思われるので、その子を指名して意見を発表させる。

食べ物を残すということは、「命をいただきます」と言ったことを忘れているのではないかと問いかけていることに気づかせる。

「もう一つこんな言葉も添えられていました」と言って次の言葉を示す。

「いのちに感謝」

## 5 生活と関連づける

ここまでで終わっては、自分たちの生活を変えようという意識は生まれてこない。そこで、子どもたちの給食の様子をデジカメで取材し、その写真を活用して、授業終盤を組み立てることにした。

ある日の給食で……

と板書して、学級の給食の残滓の様子の写真を何枚か提示していく。

最後に

**あなたは「いただきます」を忘れていませんか?**

というカードを提示して『今日の勉強で』を書かせ、授業を終える。

「いただきます」ポスター 第一弾

「いただきます」ポスター 第二弾

※提供：みやざきブランド推進本部

# あとがき

道徳授業の教材開発に取り組み始めてずいぶんたつ。

きっかけは、二十年ほど前、小さな島の分校に勤務したことだった。本校が校内研究で道徳教育に取り組んでいたので、分校でも取り組むことになったのである。

全校児童五名の小さな分校では、通常の道徳授業はなかなかうまくいかない。子どもたちに合った教材を開発したいと思うようになった。

小さな島で暮らす人々の生活を素材にした。この島で暮らす人々の苦労のおかげで今の自分があることに思いをはせてもらいたかったからである。

世界の出来事も素材にした。小さな島で暮らす自分たちも世界とつながっていることに思いをはせてもらいたかったからである。やがて子どもたちは道徳の授業を楽しみにするようになり、

「今度の道徳は何ですか？」

とたずねるようになった。

子どもたちに期待されるとますますはりきるようになる。子どもたちに励まされながら、道徳授業の教材開発は、現在まで続いている。

一つのことをやり続けると、少しは何かが見えてくるようになるらしい。ある素材を見ると「これは教材化できる」という直観が働くようになってきた。

長らく一緒に勉強を続けているサークルのメンバーから、

「私も同じ素材を見ているのに見逃しているんですよねえ」

と言われるようになった。

いろいろなところから道徳の教材開発についての話をしてほしいと頼まれることも増えてきた。私がやってきたことが役に立つのであれば、どこにでも出かけていくことにしている。次の世代を育てたいという思いがあるからである。

講座の依頼は、自分の実践を振り返る貴重な機会ともなる。わかりやすく伝えるためには、自分のやってきたことを整理し、意味づけなければならないからである。

講座のたびにまとめてきたことを、さらに整理したのが本書である。

なお、本書の出版にあたっては、日本標準の編集部の方をはじめ、多くの方々から貴重な示唆をいただいた。深く感謝申し上げたい。

二〇〇八年三月

鈴木　健二

**著者紹介**

●鈴木健二（すずき　けんじ）

1957年，宮崎県生まれ。公立小学校教諭。埋蔵文化財センター主査，教育事務所指導主事，公立小学校教頭を経て，現在，市教育委員会主任指導主事。日向教育サークル代表。趣味は硬式テニス，旅行，美術館巡り，本屋通い，温泉巡りなど。

**【主な著書】**

『社会科指導案づくりの上達法』，『ノンフィクションの授業』（以上、明治図書出版）。『係活動で学級を活性化する』，『学級づくり５年生』，『体育の授業６年生』，『小学２年の学級経営』(以上，編著　明治図書出版)。その他，共著，雑誌論文など多数。

Series 教師のチカラ

道徳授業づくり 上達10の技法

2008年４月30日　第１刷発行
2009年２月20日　第２刷発行

■著　者・・・・・・・・・・鈴木健二
■発行者・・・・・・・・・・山田雅彦
■発行所・・・・・・・・・・株式会社　日本標準
東京都杉並区南荻窪3-31-18　〒167-0052
電話　編集　03-3334-2653　販売　03-3334-2620
URL　http://www.nipponhyojun.co.jp/
■カバーデザイン・・・・・広瀬克也
■イラスト・・・・・・・・庄司きょう子
■編集協力・・・・・・・・有限会社ポシエム
■印刷・製本・・・・・・・東京書籍印刷株式会社

乱丁・落丁の場合はお取り替えいたします。

ISBN 978-4-8208-0366-9